第１回〜第９回公演の会場は、すべて日比谷公園野外大音楽堂（ただし、第５回公演は共立講堂でも上演）

第 1 回 ソポクレース『オイディプース王』1958 年 6 月 2 日（月）

第 2 回 ソポクレース『アンティゴネー』1959 年 5 月 30 日（土）

第 3 回 アイスキュロス『縛られたプロメーテウス』1960 年 6 月 4 日（土）5 日（日）

第 4 回 アイスキュロス『アガメムノーン』1961 年 6 月 3 日（土）4 日（日）

第 5 回 ソポクレース『ピロクテーテース』1962 年 5 月 26 日（土）28 日（月）
【27 日の予定は雨で順延】

第 6 回 エウリーピデース『トロイアの女』1963 年 6 月 1 日（土）2 日（日）

第 7 回 エウリーピデース『ヘーラクレース』1964 年 5 月 30 日（土）31 日（日）

第８回 アイスキュロス『ペルサイ』1965年６月５日（土）６日（日）

第９回 エウリーピデース『バッコスの女たち』1966年６月５日（日）６日（月）

【４日の予定は雨で順延】

第 10 回 アイスキュロス『救いを求める女たち』
田園コロシアム 1968 年 11 月 1 日（金）昼、2 日（土）昼、3 日（日）昼

第 11 回 アイスキュロス『テーバイ攻めの七将』
千代田公会堂 1970 年 10 月 23 日（金）夜、24 日（土）昼夜

古代ギリシア

遥かな呼び声にひかれて

Ancient Greece

東京大学ギリシア悲劇研究会の活動

成城学園創立百周年記念講演会

毛利三彌　細井敦子　編

論創社

はじめに

二〇一七年十月に、成城学園創立百周年記念行事の一環として、成城大学文芸学部の主催で「古代ギリシア、遥かな呼び声にひかれて」と題する講演会が開かれた。副題は、「東京大学ギリシア悲劇研究会から、演劇・映画・学術研究の道へ」であった。本書はこの講演会をもとに編集されたものである。

講演会は講演と座談会の二部からなっていた。第一部では、ギリシア悲劇研究会の支柱であって、東京大学文学部の西洋古典学教授に就き、後に日本学士院の第二十四代院長をつとめられた久保正彰氏と、ギリシア悲劇第一回公演の演出を担当し、卒業後は東映に入社して、日本映画界を担う監督の一人となった中島貞夫氏、それに初期研究会員の一人であり、成城大学で演劇学を講じて、舞台演出にもたずさわっていたわたしが講演した。講演会の冒頭では、ギリシア悲劇研究会創設にかかわった聖心女子大学名誉教授の細井雄介氏が研究会の沿革を述べ、第二部の、研究会の思い出を語る座談では司会をつとめた。

この企画には、次のような背景があった。

今や昔のことになるが、一九五七年から七〇年まで、東京大学にギリシア悲劇研究会（通称ギリ研）と称する学生団体が存在した。ギリシア悲劇の研究と上演を目的とする団体で、毎年一回、研究成果としてギリシア悲劇の公演を行った。その舞台は、できるかぎり古代のギリシア悲劇上演の様式を復元しようというもので、公演は全部で十一回に及んだが、最後の二回をのぞけば、すべて東京の日比谷公園にある野外大音楽堂を上演会場とした。ここは二千五百人から三千人を収容したが、上演は毎回満席で、立ち見が出るほどであった。第三回公演からは古代の上演どおり仮面を使用し、三人の俳優ですべての登場人物を演じる三人俳優制や、昼間の野外上演を試みることもした。これはギリシア悲劇の本格的上演として日本で最初であっただけでなく、おそらく世界でも類を見ない上演であったと思われる。しかもこれらすべてが、何の公的助成もなく行われたのである。

だがその公演活動については、演劇研究者の間でも事実関係が正しく把握されていないところがあり、日本の現代演劇史に占める位相も正当に評価されていないきらいがある。わたしは、この弊の第一の理由は、そもそも研究会活動の全容が記録も公表もされていないことにあると考え、数年前から、すでに少なくなりつつある最初期の研究会員にインタビューをしたり、旧会員数人が集まって当時の状況を語り合ったりして、その内容のまとめを始めていた。

その頃たまたまお会いすることがあった成城大学の戸部順一学長に、わたしはこのことを話してみた。ご自身も西洋古典学を専門とする研究者である戸部学長は大いに関心を寄せられ、成城学園創立百周年にあたる二〇一七年に、その記念行事の一環としてギリ研についての講演会を催してはどうかと提案された。記念講演会の内容は学園の本として出版できるので、ギリ研の活動を公にすることにもなるだろうというのである。

まさに願ってもないことであった。わたしは戸部学長に感謝し、学長の助言のもとに講演者として先述の久保氏、中島氏、細井氏を考えた。幸い三氏の快諾を得ることができ、主催する文芸学部の村瀬鋼学部長、また多くの事務関係の方々のご協力を得て、二〇一七年の十月十四日(土)、成城大学で講演会が開催されたのである。

本書の編集には、初期会員の細井敦子(西洋古典学)とわたしがあたることになったが、当日のプログラムにしたがい、細井氏および第一部の講演者の講演は基本的にそのまま収録することにし、第二部の座談会では、当日の座談内容を大幅に編集して、それまでにまとめていた旧会員のインタビューや座談記録等を付け加えた。また、細井雄介・敦子夫妻のもとには、以前から研究会活動に関する諸々の文書資料や写真が残されていたが、講演会に来場した多くの旧会員からも、新たな資料や情報がもたらされた。それらは、会の活動を具体的に示すものであり、歴史史料としても貴重なものだと思われるので、資料編として付録の形で記載することにした。写真のいくつかは、座談会の中にも挿入されている。

このように本書は、多くの旧ギリ研会員の協力に負うものだが、企画・出版はすべて成城学園の援助・協力によっている。ご尽力くださった戸部順一学長、村瀬鋼文芸学部長はじめ、学園、大学の関係者の方々に心からの感謝を申し上げる。

毛利三彌

表記について

本書においては次のような方針をとっている。

1、講演は、すべて講演者の原文のままとする。

2、第二部「座談会」においては、「ギリシア」の表記は、講演会のタイトルに合わせて「ーア式表記（ギリシア）」とする。見出しの公演題目は当時の表記のままとするが、本文中では、長母音の音引は原則として省略する。但し、慣用に従って残した場合もある（例：イスメネー、テーバイ）。Φ音はp式で表記する（例：ソポクレス、ピロクテテス）。作品題名（略称も含む）は二重カギで囲み、登場人物名にはカギをつけない（例：作品題名『(縛られた) プロメテウス』、人物名 プロメテウス）。

3、「資料編」においては、趣意書・公式紹介文書・研究会誌・公演パンフレット・各種印刷物中の固有名詞の表記は、原文のままを原則とする。編者による記述中では、会誌の編集発行者としての研究会名称が「東京大学ギリシヤ悲劇研究会」であること、および発音上の慣用を考慮して「ーヤ式表記（ギリシャ）」を用いている。

4、本研究会の名称としては、カタカナ部分に関して三通りの表記（東京大学ギリシア／ギリシヤ／ギリシャ悲劇研究会）が用いられている。

目次

資料編

ギリシア悲劇研究会の歩み

細井雄介

日本語の楽しい底力に頼り「ギリ研」という言葉を使わせていただきます。「東京大学ギリシア悲劇研究会」の略称です。

「ギリ研」はなぜ続いたか。日比谷公園ただ一晩の芝居でお金が残ったからであります。教養課程二年を了え、本郷の文学部へ進み、昭和三十二年春の四月、ガイダンスのあと、また出合ったか、会を作ろうとの声で、定員二十名の三分の一が集いました。その勢いに「学生にしかできないことをやれ、ギリシア悲劇ならば上演だ」のお声がかかり、決断は速く、直ちに学内団体として正式に登録、結束の度合は高まり、大学の五月祭では上演を謳って仲間を集めます。活動の中心は必ずしも芝居好きでなく、この会員構成の在り方が、会を永持ちさせた理由のひとつかも知れません。

けれども上演となれば舞台で演じる俳優が要ります。もとより学内に演劇集団は幾つもあ

り、名乗り出た三人わけても加村赳雄は以後何年もの大黒柱、「ギリ研」全体の強烈な推進力となります。またギリシア劇ではコロスすなわち合唱隊が舞台を離れませんが、学内の合唱団が協力します。こうした仲間の信頼を一身に集めて、何ごとにも揺がず堂々と演出を果したのが本日の中島貞夫です。九月から中島は台本づくりに入りました。

他方で製作担当者は学科先輩の表を作り、寄付を仰いで歩きます。叱られては励まされもする毎日ですが、後年会社「リクルート」を立上げる森村稔の歩き回りは目覚しく、次第に繋りの輪を編んで「朝日新聞」の後援を得るまでになりました。

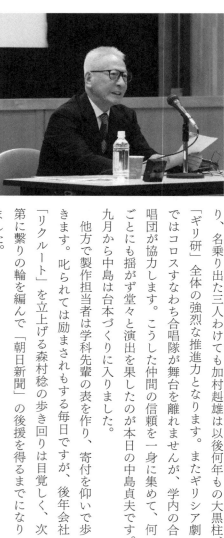

あれこれ打合せの場所はのびやかな喫茶店「ルオー」、学年度末三月一日、ここで天の助けが降ります。私どもの話に隣席の若い御夫婦が入られたのです。ハーバードからお帰りの久保さんでした。研究例会に理論の背骨が通り、中島と加村は日参とも言えるほどに久保研究室を訪ねては感激を会員に伝え、「ギリ研」生活の活気は飛躍的に増しました。

学年末の試験が終りますや幼稚園の庭で上演の稽古、基礎を固めて日比谷での仕上げ、六月二日（月）夕六時ついにオイディプース王が登場、「母親を殺し父親と結婚」とやってくれましたが、ざわめきも厳粛な重みが一瞬に抑えて、会場は深い沈黙へ戻っていたかと思います。

会員券は百円、当日の朝で捌けていたのは一千枚、目標は二千枚でしたから赤字覚悟で参りますと劇場には人々の長い列であり、入場制限数の三千名を越えました。公約の雑誌『ギリシヤ悲劇研究』を出して残るお金を確めますと卒業の年であり、一人を除く学科生全員が卒業ですが、新たな会員が翌年の「アンティゴネー」公演を決めました。

歴史学の吉岡力先生が御自身の「歴史教育研究所」毎週一晩を使わせてくださり、ここが大学紛争の混迷に至るまでの「ギリ研」の道場です。大学の教室と同じく春秋二十週ほどの夕方ここに集い、久保さんを囲む討論の楽しみが私どもの暦の柱となり、この夕こそが活動の母胎であり、「ギリ研」の実質でありました。

「アンティゴネー」は初回のやり方を敢えて繰返しますが、まず台本、言葉が問題となりました。芝居の台本はいわゆる精確な翻訳とは別物であり、一行一行舞台を思いつつ、第五回公演までは久保さんの手に成る台本で声が響き、劇場の試煉を経た言葉は五冊の雑誌に納められています。つぎは仮面です。三千名の観客に生身の顔は見えない。こうして仮面がどうしても必要な「プロメーテウス」が第三回の公演となりました。初めから終りまでただ一つの顔として捉えなければ仮面は作れない。私どもには戯曲を読むときでも、この人物の仮面はどれか、と問う習わしが付きました。第三はやはりコロス、歌を唱って一体となり、発言を一人に委ねるコロスは紛れもなく政治的圧力集団であり、第四回公演で男性会員の主力はみなコロスの一員となって舞台に厚みを加えたかと思います。

劇場の音響条件は宜しくありません。写真で人物はみなマイクロフォンに向けて語っております。あるいはこれが善かったのかも知れません。役者が上手いか下手かは大した問題でなくなり、はっきりと言葉を語れるか、知性と意志が見えるか、人物の品格は伝わるか、このことさえ納得できれば安心、ここに生れた調子が「ギリ研節《ぶし》」とからかわれました。

昭和三十三年六月から四十五年十月まで、十三年にわたる十一の舞台でした。現存の戯曲総数三十三とされていますなか、三分の一は公演したことになります。題目を並べると、脈絡のよく解らぬ順序である、と責められるでもありましょう。けれども、そのつどの公演で生じる問題の解決努力こそが、翌年の上演を決定させて、振返ればこの系譜になっていたのであり、筋道の説明はパンフレットそれぞれの烈しい文章に読取れましょう。

ちなみに今日ではギリシア悲劇も話題となり、派手な舞台の姿もたびたび報じられますが、収支を重んじる興行形態では動員できる観客数に限りがあり、実情はあくまで名作戯曲の摘み食いと捉えるのが妥当でありましょう。一晩の観客は最低二千五百名とした研究会公演と商業演劇の限界とは、次元の相異なるところにある、としなければなりますまい。

時は移り、大学は紛争、「研究所」の夕も閉じられます。それでも一年の休みを置いて公演、昼日なか太陽の光を浴びての誇らしい冒険でしたが、十一月の風は冷た過ぎました。年明けての一月、本郷の安田講堂は機動隊の水を浴び、倉庫にあった「ギリ研」の財産も水浸しで消えます。

さらに一年、演劇は「アングラ」、地下の小芝居へと流れ、私どもも室内劇として実験を試みましたが、野外と室内との決定的相違を克服できずに終りました。

かつてわが国にはチャンバラなる胸のすく傑作の世界がありました。これが、どうも本当らしくないとして手が入りますと、どこか佗しい代物ばかりに変りました。もう一度それぞれの要素で組立てようと努めても最初の痛快な傑作にはとても届きません。やはり時と所、そして人が要るのであり、演劇ではギリシアにこそ最初の産声でありました。声に応えて、これを十年あまり、コロス、仮面、言葉という三項、三つの柱の力学として甦らせ、姿を多勢の方々にも確めていただいたのち私どもは眠りに就きました。

わが国に入ったものは決して消えないと言われます。そのなかにギリシア悲劇も数えられましょうか。

今日やや年を経ましたが、眠れば夢を見て、ふたたび目覚め、立上る時も生じましょう。その所はどこか。場所だけは確かであります。これまた人類の築いた最も偉大な制度のひとつ学園においてであり、時代や世情がどれほど変ろうと、外から寄せる圧力はしっかりと防ぐ壁のなか、自由の若さにおいてであることは間違いありません。

平成二十九年十月十四日　午後

時間厳守の席上この大観で務めを果したが、許された紙数でやや補いたい。

昭和三十年合格の駒場は静か過ぎるほど明るかった。

集団疎開地から秋の車窓で田端一帯の焼野原に声もなく鷺宮に戻って春に中学生、まもなく御退位の天皇と同じ学年齢である。阿佐ヶ谷で乗り飯田橋から歩いて登校の六年（旧制中学が新制高校となる移行期のこと）に寄り道はない。受験不合格でようやく行動範囲は拡がり、ニーチェに驚いての本探しは神保町・中央線沿線古書店の楽しみを教えてくれた。だが肝腎のギリシア悲劇については新関良三先生の二冊本と岩波文庫のわずかのみ、人文書院版全集が出るのは「ギリ研」初演後の昭和三十五年となった。彷徨を続けて一学会誌の論文と出合い、このような道も演劇にはあるかと志望を美学科に決めた翌春、浪人生活三年の大学生であった。

定員は二千名、文ＩⅡ、理ＩⅡの四部構成、文Ⅱ生は三六〇名である。旧制高校の名残りで各級ごとの競う行事も賑わしく、駒場祭から程なく大江健三郎処女作の登場、伴野文夫に誘われて当の学友会機関誌「学園」第二号からの編集員（五名）になった。敗戦からの復興は進むが、なお都内近辺の諸校が合格者数の高さを誇る時代であり、一人を知れば友の輪は直ちに拡がり重なり合って、全体の雰囲気では大学はいかにも東京の大学であった。だが構内には羊羹型二棟半の学寮が残り、相部屋各室は文武諸団体の部室でもある。道を隔てて木造二階の学友会館があり、一階には生協書籍部、二階に伝統の自治を謳う各部構成の「学友会」室、これの窓際小机が編集部であった。この同じ雑居塔には全学級にもとづく「学生自治会」室や「教養学部新聞」室もあり、この新聞には川池一男がいた。同期生として美学科へ進むが、新聞の路線問題収拾で一年手間取り、こうして「アンティゴネー」上演を支える友となる。新聞や雑誌には動静の全般を見渡す使命がある。五月に米軍基地の処理をめぐる砂川闘争が起り、学生会館周辺には活気が増し、さまざまな声も響いて五年後の安保闘争へ向うのである。

明治以降の新たな演劇は、西欧近代の受容で格闘する大勢の、ひとつの華かな運動母胎、劇団はそれぞれ明確な運動体であり、大学内でも当然さまざまな試みが生じる。当時の学内演劇の活動については『東京大学・学生演劇七十五年史』（清水書院）に編年体の記述があり、「ギリ研」をやがて支える人々の名も数多く読取れるであろう。

二年後に進学した本郷の文学部・美学美術史学科は美学専攻と美術史専攻（昭和三十二年度五名）とに別たれ、研究室も別々であった。美学専攻では竹内敏雄教授おひとりに助手二名で、福田達夫・河野石根のお二方には万事の御示唆をいただき、「ギリ研」の拠点を速かに研究室とすることもできた。

新学制（第一回卒業生昭和二十八年三月）のもと門戸の広い落第生学科がようやく定員満杯で、学科旅行が初めて成って谷川寮への一泊、この往還でそれぞれの気心も知れ、仲間の結束は堅く締まった。

竹内先生は現代の芸術研究におけるアリストテレスの位置を探って、終りに近い特殊講義は類型論の討究であり、様式の語は学生の耳に重々しく響いた。確かにギリシア悲劇の人物とハムレットとノーラとは全く相異なる姿と感じさせる。それでは「ギリ研」の狙う舞台には「古代様式」の語を用いよう。ギリシア神話は人類何万年もの経験の底知れぬ澱みであって、不気味な魅力を漂わせているが、悲劇詩人は心惹く英雄を引上げては舞台上で輝かせた。輝くのは新たな神話解釈が強烈だからであり、この作用力に詩人それぞれの「内面形式」を想定しても宜しかろう。それならばギリシア悲劇の内面形式を追求して古代様式の復元に努める――これを共有の目標にすることができる。要するに、戯曲をよく読んで目には見えない構造をくっきりと表に造形する、ということになるが、これを標語にしたことで、どこか異国の真似ごとでない上演根拠を得たのであって、ここに生じる自信が以後「ギリ研」何年かの連続活動を促した。

「オイディプース王」では仮面を用いていない。登場人物にイオカステーがいて、生身ならばどうしても女優の登場である。お茶の水女子大学の北川恭子さんが演じて、その鮮かな印象は後日の永い話題となった。敢えて同じ演出の方針を撰んだ「アンティゴネー」で北川さんは妹に回り、姉の主役は劇団新人会の成田光子さんが各場面を抑え、初の仮面劇「プロメーテウス」では牝牛頭となって狂乱の舞踏である。こうして外部の方も喜んで加わってくださり、「アガメムノーン」の女王は小柄ながら堂々たる林洋子さんの仮面が老体のコロスを圧倒、一転「トロイアの女」では敗残の女王として舞台中央に坐して悲惨を見詰めていたが、これを支えるコロスの長に大方斐紗子さんが、ともどもよく透る声で劇場を安定させた。林さんはさらに今度は神話ならぬ歴史の国母を「ペルサイ」で演じ、敗軍の息子を迎える威厳の仮面であった。後年の三人俳優制への復帰の試みとも思重ねて、ギリシア悲劇上演における女優の位置を考えさせる貴重な系譜であったとしてよい。

「ピロクテーテース」上演に注ぐ久保さんの思入れは烈しく、悲劇の室内上演の可否問題も課題のひとつになった。舞台上あれこれの冒険に加えて共立講堂一夕の公演をも明示すると、ここに皇太子御夫妻観覧の御希望が寄せられてお迎えする。二階の座席も静まり、なお時間を余す折、悲劇の舞台に立ったこともありました、との皇太子妃のお声に同世代を痛感したものである。悲劇の厖大なエネルギーは室内では収め込めない印象が、この試行の成果であったか。設定される野外の大音声が轟くし、ますますコロスを扱い切れないのである。

翌年、久保さんはワシントンでの研究生活に発たれたが、「ギリ研」に動揺はなく、初めてエウリーピデースに立向った。コロス処理と機械仕掛けの神なるものの機能理解に方向を定めて「トロイアの女」公演である。

年々の公演はすでに公けの批評の対象にもなり、難点だらけの上演舞台に新聞各紙や雑誌で苦言が並ぶが、底には寄せられる御好意が明かであり、毎回の同じ観客の厚みも増し、励まされては日程をこなす。ここに影がさすのは、安保闘争以降の混迷に大学紛争が萌してからである。

エウリーピデースを進めるか、コロスの重いアイスキュロスへ還るかの討議を経て、機械仕掛けの神と格別の英雄像とが焦点となり、「ヘーラクレース」の公演である。知名度を思えば上演至難の作であろうが、よく初志を貫いた田村徹夫はすでに亡い。このさき大学紛争の募るなかで同様に後続の公演を担った徳永弘道、沼田哲、桑原洋、神山祐輔などの勇者が逝いて、豊かで貴重な記憶も失われたことは、言葉にならない悲しみの痛恨事である。しかし上演の舞台を見た静岡からの高校生大沼信之は即座に志望先を「ギリ研」に決め、大学入学一年時から苦渋の年々の公演推進役となって、後年は歌舞伎座改築の大役を果した身である。アイスキュロスへ還る「ペルサイ」公演の翌年には、海外から戻って落着いた毛利三彌演出のもとで大沼は仮面づくり、エウリーピデース最後の作「バッコスの女たち」であり、原初の「三人俳優」方式の意義にも迫ろうとする試みで、製作は中鉢秀一と神山とが遂行した。

大学紛争が学内研究室をも一年余にわたって閉ざすまでとなる歳月に、「ギリ研」も休みを置いてアイスキュロスをまたも取上げる。演出は神山、コロスの庶務を大沼、製作は毛利晶に石川文子である。この上演を特記したいのは、劇場が初めて日比谷を離れて、田園調布の今は無いテニスコート「田園コロシアム」であり、時刻は午後の陽なかであったゆえである。「ギリ研」発足時から念願の日中上演で、確かに空がこれほどにもと高くなり、縦にも横にも広々とした空間内で伸々と展開されたコロスの動きは、新たに大きな可能性を孕む、といまなおこの道を追ってみたく思わせる。だが野外劇としての公演はここで終った。このとき加村、西井、古山の「ギリ研」三優は舞台から離れていた。

この晩秋十一月から年明けるや安田講堂が水を浴びる。室内の上演は「ピロクテーテース」で試みられたままであったが、野外劇の十一月から二年後の十月に千代田公会堂でアイスキュロス「テーバイ攻めの七将」を公演、手島兼輔の姿や声があり五十嵐文彦の製作、健闘する大沼の演出である。成果は謎ばかりの企てであったとしなければなるまい。

ここではこれから久保さんの話が始まる。オイディプース最期の姿であり、神話の深みからは「愛」の呼掛けが静々と大きくなろう。往昔の一夕にこの話があれば、ただちに応じたはずが加村赳雄であり、西井一志に古山桂治も否応ない。五千名の観客を見込んで衣裳・大小道具・音響・照明など製作を志す者もつぎつぎに立って一年の日程表は成り、幾年かの経験が築いた路線を着々と履んで、翌年の初夏には公演を見たことであろう。

創始のアイスキュロスを絶えず仰ぎつつ、先年エウリーピデース最後の作は上演できた。この後輩を追って逝くソポクレースの遺作が「コローノスのオイディプース」であり、ギリシア悲劇現存作総体を閉じる最終作でもある。演じることができたとすれば、「ギリ研」はギリシア悲劇史の円環を小さくとも一つ結び終えたと申せたが、この業は未完のままとなった。だが未完が面白い。試みてよい夢が無数に湧いてくるのである。この面白い大業の継受は後代に贈る。

第一部　講演

古代ギリシア——遥かな呼び声にひかれて

久保正彰

このたび、このような演題のもとに、ギリシア悲劇研究会の諸賢がお集りのこの講演会が開かれる、と伺ったとき、私にはひそかに期待するものがありました。それは、会が始まる直前、どこからか、俄に神々しい声が聞こえてくるに違いない。それは三人の悲劇詩人の中のだれか一人が、天上からか、地下からか、突如としてこの成城学園の何処かに姿を現して、〝聞け、もとギリ研の年寄りたち！〃と呼びかけてくれるにちがいない、そして、その声と言葉が、その場に集う、私たち全員に歳を忘れて奮い立たせ、自分自身の言葉で、遥かな呼びかけの意味を、明日にむかって捉え直す、勇気を与えてくれるに違いない、と。如何でありましょう、皆さんのお耳には、もうその声は耳朶を聾するばかりに鳴り響いているでしょうか。

実は、この声は、生来他力本願の私の耳にはかなり以前から耳について離れなくなっておりました。ただ古代ギリシアのどの詩人、あるいは作者の声なのか、どのような文脈のなかから聞こえてきているのか、それがなかなかはっきりとしないままに、徒に何ヶ月ものときが過ぎ、今日を迎える破目となっております。

しかし、さいわいこの数週間のあいだのことでありますが、その声が悲劇詩人ソフォクレスの晩年の声であること、そして彼は、最晩年の名作として今日にまで伝わる、悲劇『コロノスのオイディプス』の登場人物の台詞を、私の耳もとに囁きつづけていることに、やっと気がつきました。早速、本棚の奥に押し込まれていたソフォクレス全集の一冊を取り出してみました。R. C. Jebbという高名なイギリスの学者が校訂したその悲劇作品の原語版ですが、一九〇〇年刊行の第三版ですから、古代ギリシアほどではなくても、百二十年程昔からの、遥かなる声であることには、さして変わりはありません。私は夢中になって、この表紙もとれそうになっているこの古本にかじりつき、私の思い込みがどの程度正しいのか、どうかを、見定めようと夢中になっておりました。幸い、私の覚えていたことばは、この悲劇作品のなかに記されておりました。つ

まり私の記憶はまだ、完全にぼけてはいなかったのです。しかし、この千八百詩行にも及ぶ長大な悲劇作品をあらためて読んでみると学生時代以来この六十年の間、愚かにも気づかなかったことがらも、次から次に現れて、嬉しいような恥ずかしいような驚きに打たれております。とくに、作者ソフォクレスが、此の悲劇の題材に注いでいる、じつに深く優しさにみちた眼差しを、初めて感じ取る事ができたのは、私自身にとっても驚きであり、喜びでもありました。今日これからの私の話は、私の古い記憶の確認と新しい発見の感動を、二本の柱として進めて参ることに致したいと存じます。

さて、『コロノスのオイディプス』という悲劇作品の内容からお話を始めます。それは、昔、ギリシア悲劇研究会が日比谷の野外劇場で上演を試みました、最初の年の作品、『オイディプス王』と、二年目に上演いたしました『アンティゴネー』と、同じ一つのギリシアの古都テーバイの王家をめぐる系譜伝説をもとにしております。原作のギリシアにおける上演年代は、確実な上演記録は残っていませんが、『アンティゴネー』の上演が前四四一年と一番古く、続いて『オイディプス王』の上演が、同じく前四三〇年頃、そして最後に、『コロノスのオイディプス』の上演は、前四一〇年頃とするのが、大勢の学者達の意見のようです。これらの上演年次は、何れも外部資料をもとにした推定ですが、ここではこれ以上詳しく申し上げることは、控えることと致します。しかしながら、これらの三作は、一つの伝説群をもとにしているとは言え、それぞれの上演年次の順に従って、基の系譜物語の展開を、時代順に辿っていくいわゆる〝三部作〟構成の形をなすものではありません（アイスキュロスの三部作、ライオス、オイディプス、テーバイ攻めの七将（前四六七年）との比較）。

悲劇の主人公オイディプスが生まれてからテーバイ王の地位を得て、偉大なる英名を獲得したものの、自らのいかんとも致しかねない、幾重もの偶然の重なりから、己の呪われた過去を己の手で暴露して、神の予言通りの悲惨この上ない結果を招くその成り行きを芝居の筋としているのが、原作上演の年次では、二番目にあたる、『オイディプス王』の作品です。其の作品の最後の段で、自らの罪の償いに己の手で、己の目玉を抉り、盲目の乞食姿に身を落としたオイディプスが、其の後、どのように生き、どのような最期を迎えることになるのか、それについて、原作者ソフォクレスはすくなくとも二十年もの間、何も語ろうとはしていません。ソフォクレスは、まるで自らもオイディプスとともに、老残の姿に朽ちていくのをまっていたかのように、最晩年に至って初めて、オイディプスの最期を語る『コロノスのオイディプス』を上演したように、思えます。

後世人の勝手な想像にすぎないかもしれませんが、悲劇詩人ソフォクレスは、自らの人生の岐路に直面するたびに、何故かテーバイの王家系譜をめぐる伝説に思いをはせ、悲劇作品にその記録を留めようとしているかのように思われます。三作のなかで原作の上演年代の一番古い『アンティゴネー』も、系譜伝説の上では、オイディプスがすでに亡くなり、其の後テーバイ王家を襲う最後の内乱記をもとにしております（アイスキュロスの、『テーバイ攻めの七将』との比較）。実はその系譜上の前後関係とは何のかかわりもなく、全く別の縁がもととなって、ソフォクレス自身の人生に大きい影響をもたらしたといわれています。『アンティゴネー』の上演を契機として、作者ソフォクレスは、ペリクレスの全盛期に、十人の軍事指揮官の一人に選ばれて、サモス島攻略軍に加わる事になった、という伝えも知られているのです。

少し前置きが長くなり過ぎましたが、お許し下さい。以上を纏めて言えば、次のようになります。系譜伝説の時系列に従えば、『オイディプス王』、『コロノスのオイディプス』、『アンティゴネー』の順番によって展開する一連の悲劇物語でありますが、原作の上演年代の順に従えば、『アンティゴネー』（前四四一年）、『オイディプス王』（前四三〇年）、『コロノスのオイディプス』（前四一〇年）となります。これらの三作全編に登場する登場人物は、オイディプスの二人の娘、アンティゴネーとイスメネー、そしてかれらの叔父でありテーバイの執権でもあるクレオンの四人のみであり、オイディプスは、『アンティゴネー』には登場せず、第二作と第三作においてのみの登場が見られます。私がこの何週間かの間、遥よりの声に引かれて、なんとはなく『コロノスのオイディプス』を読み進むうちに、これら四人の登場人物たちの言葉や姿が、『コロノス』より三十年前に上演の『アンティゴネー』や、二十年前に上演の『オイディプス王』に登場したときのかれらの言葉や姿と重なり合う時もあり、完全に違ってしまっているかのようにみえる場合もありして、いつしか私は、悲劇作品から遠く離れて、原作者ソフォクレスの心のなかの迷路を果てしなく彷徨っているような気分になっておりました。

例えば、ギリ研とも縁の深い、アンティゴネーの場合を見てみましょう。前四四〇年に、アテナイのディオニュソス劇場に登場した彼女は、オイディプスの死後、立派に成人して、テーバイの執権クレオンの一子ハイモンの許嫁になっている。しかし彼女は、エテオクレスとポリュネイケスという自分と血をわけた二人の兄弟が、テーバイの覇権をめぐって戦い、互いの刃で撃ち撃たれて非業の最期を遂げた悲劇を目前にして、悲嘆のどん底に突き落とされています。それだけではない。執権クレオンは、国中に布告を発して、テーバイを守ろうとして命を落としたエテオクレスに対しては弔いの礼を尽くすように命じたのでありますが、他方、テーバイを攻め滅ぼし焦土と化そうとしたポリュネイケスの屍は、これを晒しものにして、鳥獣の餌食にするように、という過酷な処分命令でありました。この布告に断固として反対して、自分はクレオンの意向がどうあろうとも、ポリュネイケスの亡骸にも礼を尽くしたい、という、登場当初からアンティゴネーが語る決然たる台詞と態度は、ギリシア悲劇のどのヒロインと比べてみても、全く見劣りがしません。彼女のこの強い態度は、前四四一年上演の『アンティゴネー』の最後まで、一貫して変わることがありません。彼女は反逆罪の宣告をうけ、岩山の洞窟に閉じ込められますが、許嫁のハイモンが救いに駆けつけたときには既に遅く、自ら縊死して果てている、という結末です。

その烈火のような強い印象を変わらずに記憶に留めているものが、其の三十年後、前四一〇年頃上演の『コロノスのオイディプス』の冒頭に、老いさらばえた盲目の父オイディプスの手を引き、介護に余念のない、若い娘アンティゴネーの優しい姿や、言葉に接するとき、時間が、自分の知覚神経のなかで急に、逆さまに流れ始めたかのようなショックを覚えるのではないでしょうか。すくなくとも私のなかでは、それが、〝遥かより呼ぶ声〟の最初の木霊となりました。しかし、もしソフォクレス自身に、この私のショックのわけを訊ねることができたなら、案外簡単に、こう言われたかも知れません。〝かたや一途な、むこうみずな思いの強さと、かたや哀れな命の残骸を哀れむ優しさは、別々のものではなくて、女という生き物の中にある二面一体のものなのだよ、君はもうすぐに年九十にもなろうというのに、まだそのようなことも、知らなかったのかい〟、と笑われるところであったかも知れません。

これと同じような、時間と生命と英知の霊妙な絡み合いは、前四三〇年の『オイディプス王』のオイディプスと、同じく四一一年の『コロノスのオイディプス』の主人公自身の姿と言葉とのあいだにも感じとれるように思います。もちろん、此の場合には、時間が突然逆流するということではなく同じ一人の人間が、境遇の激変と加齢によって辿りうるおどろくべき変容に、観客は肝をつぶしたことでありましょう。『オイディプス王』の主人公は、劇の冒頭、疫病に苦しむテーバイの市民達に語りかけますが、その言葉は絵に描いたような理想の君主、慈悲に溢れた英王の姿を写し出します。彼は、この疫病の原因は此のテーバイの地に隠れひそむ恐ろしい汚れにあり、それをはらい清めれば、災禍から救われる、と言う神託を受けて、その汚れの実態をつきとめ、これを除去することこそ、王たる自分の責務であると考えて其の課題解決にむかって、全身全霊を傾けます。そのための証人の喚問や、事実の検証が、劇の展開とともに繰り広げられていきますが、オイディプスが懸命になればなるほどに、其の結果は皮肉にも、国の汚れ、災禍の原因は、ほかならず、オイディプス其の人の生まれと来歴そのものであったことが白日のもとに晒し出されます。かれの母であり、妻でもあったイオカステーは自殺、オイディプス自身はこの日まで何も見ていなかった自分の目を呪って抉り出し、汚れた自分の体を国外に放逐するように命令します。最後に只一つ、まだ幼いアンティゴネーとイスメネーの身に災なきように、と言う短い祈りを残して、劇は終ります。

その悲惨な終結から二十年後、原作者ソフォクレスのオイディプスへの思いはなお衰えをしらず、前四一〇年上演の『コロノスのオイディプス』においては、老いさらばえた姿で登場させ、最後には、想像を絶するばかりの、驚くべき変容の場面で悲劇の幕を下ろします。此の劇はテーバイではなく其の隣国アッチカの地、其の都アテナイの北、指呼の距離にある、コロノスという集落において繰りひろげられます。一体ここは何処なのか、と訊ねる盲目の老父に答えて、娘のアンティゴネーは、優しく答えます。

〝ここから見えるところには、遥か彼方に都を守る城壁の櫓がみえています。このあたりには、月桂樹や、オリーブ、葡萄、などの樹々が植えられていて、どなたか神様の祀られている場所のようで、廻り一面の緑のなかには、沢山のナイチンゲイルが歌を謳っています、ここにほら、ざらざらの石があるから、ここに足を曲げて、おすわりに。お年とられたお体で遠い道のりを、我慢なさったのですもの〟、と。

劇場の観客たちはみなアテナイの市民たちですから、アンティゴネーの優しさと労りにみちた、父への言葉は、一そう嬉しく聞こえたのではないか、と思います。悲劇『アンティゴネー』の冒頭の彼女の、悲嘆に喘ぐ台詞を覚えている人が観客のなかに一人でもいたならば、息をのむ思いで、この彼女の台詞に耳を傾けたのではないでしょうか。此処に始まる芝居は、犯罪者や汚れものを追及するものではない、一方的な為政者の布告に命を捨てて抵抗する乙女の悲劇でもない。そうではなくて、この悲劇は、苦悩と悲嘆にくれながら、わずかに命を持ちながらえている、父と娘を優しく、迎え入れようとして新しい世界を語ろうとしている、其の前触れを感じ取ったのではないか、と思います。その予感は、次に登場するコロノスの村人、村人達からなる悲劇合唱隊の、オイディプス親子の嘆願に対する受け入れのやり取りから、劇全体の雰囲気を染め上げていくものとなります。そしてそれは、遂に、アテナイの王テーセウスが登場し、無一物の乞食同然のオイディプスが庇護を求める嘆願を受け入れ、その最期の日が訪れたのちは、その墳墓をコロノスに設けることを保証するということで一段落をむかえます。其の返礼として、父娘親子が、テーセウスやコロノスの村人たちに差し出すものは、ただ、どうか此の地にまします神々が、此の地の安寧と平和を守りたまえ、という無形の精神的な感謝の祈りのみでありますが、此の返礼の祈りが予想を大きく上回る説得力をもって受け入れられるのは、何故か。

私の耳元の〝遥かな呼び声〟によりますと、それは、身に纏うもの、日々食するもの、雨露を凌ぐ宿、そのすべてに窮しながらも、自らの悲惨な宿命の意味を問い続け、其の苦しみに耐え、遂に汚れと悪をこえた潔白の地歩を克ち得た老オイディプスの姿から窺われる至高の品位――ギリシア語では、to gennaion と言う言葉が使われていますが――であったのではないか、とおもわれます。さらに其の後の劇の展開では、神託によれば、此の無一物のオイディプスの遺骸と墓地を占有するものが、争う敵に勝利する、ということとかで、昔オイディプスを追放刑に処したテーバイの執権クレオンや、テーバイの王位を狙うポリュネイケスが、次々と現れ、甘言を弄して、オイディプスをテーバイに迎えるように画策する場面も続きますが、オイディプスの、此処コロノスにこそ己の墓地をもうけ、これをテーセウスに礼の記として贈る、という決意をひるがえさせることはできません。

そのとき、一点俄にかき曇り、雷鳴轟き、まばゆいばかりの稲妻に劇の登場人物たちも、劇の観客たちも驚き慌てる一瞬が生じます。そのとき、天上からか、地底からか、聞け、オイディプスよ！　と呼びかける声、なにを今更、地上でぐずついているのか、お前の時は、はやとうにきている。急げ！　と。オイディプスは立ち上がります。この劇が始まって以来、このとき初めて、かれは、誰の手も借りず、誰の眼も借りず、自分の足ですっくとたちあがり、自分の眼で人の姿を見、物の形を見て、自分が遂に向かうべきところを見定めて、先に立って歩き始めます。此の主人公の驚くべき最後の変容が、どれほどの演劇的効果を発揮したものか、その場から時空ともに遠く離れている我々にも、想像にかたくありません。

オイディプスは他の者達が従うことは許さず、只独りテーセウス王のみを伴にして、絶壁に向かいます。そして、青銅のきざはしと呼ばれる地下への道にさしかかった時、突然、何が起こったのか、オイディプスの姿はもはや何処にも無く、脇にいたテーセウスは、なにか見てはならぬものを目の当たりにしたのか、かぶり物で顔を覆い、その場に立ち尽くしている姿がありました。

これは、観客の眼にした姿ではなく、遠くから其の有様を見た従者が、伝令として帰って来て、皆に告げたことです。やがて、テーセウス自身も、コロノスの人々はじめ、アンティゴネーやイスメネーの待っている所にもどってきて、オイディプスがこの世から去ったことをつげます。両姉妹は、父の最期の場所まで行って、そこで弔いの礼を尽くす事を願って、其の場所はどこか、と訊ねますが、テーセウスは、それをあくまで秘しておくことは、オイディプスの最後の願いであり、自分もその秘密を守りたい、と言って、姉妹の懇願には答えない。ただ、テーバイに戻りたいという姉妹の願いを叶えるように、手配を整えると約束する。そして最後に、コロノスの村人たちからなる合唱隊は、〝もうこれ以上に嘆きの歌を歌う事は止めよう。これが、神々の良しとされる終なのだから〟、という、いわばギリシア悲劇の決まり文句のような歌台詞を歌い、劇は終ります。これが、劇作家ソフォクレスの最晩年の作品の終でありますが、観客のなかには、テーバイ王家の最後の悲劇は、実にこの後から始まり、あの悲劇『アンティゴネー』では、冒頭より、この心優しいヒロイン、アンティゴネーが、姿を変え、決死の行動に移ることを思い出して、静かに思いに耽る人も、一人、二人ではなかったにちがいありません。

悲劇『コロノスのオイディプス』の終幕の決まり文句からは、〝きっとテーセウス王の約束は、間違いなく果たされるであろう〟、という含意と、〝今此処で起きたできごとは、昔からの定めであって、これを覆すことはできない〟、という意味合いが含まれているようです。ともあれ、此の言葉を、遥か遠くからの呼び声として耳を傾けている私の心には、テーセウスの約束も、昔からの定めという言葉も、即物的、具体的な事象を指す言葉ではなく、なにか此の世界の全てを優しく包み守る、言葉ではとらえることのできない、有難い霊のようなものを指しているように聞こえてなりません。

（それ）は、オイディプスの罪と汚れをも包み、かれの自虐的な自己責任の究明や、其の責任を全うする為の、無一物の老いの人生全てを、荘厳な終に向かうべきものとして、遠くから優しく包み守っています。（それ）はまた、老いさらばえ殆ど無に等しくなった父の、手を取り、足の運びを優しく世話する娘アンティゴネーの言葉と姿となって、観客の眼に見えるものとなります。私の勝手な解釈というか、独りよがりの思い込みか、と思いますが、私は晩年のソフォクレスが、かれの長年の伴オイディプスの最期を一編の悲劇として書くことをきめたとき、かれの心には、（それ）――すべての偶然と必然のしがらみを、厳しく追求しながら、それであっても、寛大な包容力をもち、最後にすべてを優しく包み、受け入れてくれる霊のようなもの――それがはっきりと見えていたに違いないと思います。ソフォクレスがオイディプスの最期の地をコロノスの地に定めたのも、実に此の地が（それ）、――つまり、もとは怨念と追及の神々たちでありながら、ついには優しい許しの神々にかわる、『エウメニデス』という女神達を祀る聖林の地でもあったからでありましょう。劇の始まりの場で、盲のオイディプス自身、それとは知らずに辿り着いた場所が、此の女神たちエウメニデスの聖地であることを、コロノスの村人から聞き知るやいなや、〝私はもう、此の地から絶対に動かない〟、と言って、村人を驚かせています。

此の最初のやり取りからも、ソフォクレスが、罪をとかれ、無限の優しさに包まれたオイディプスの最期を念頭にしていたことが窺われるようにおもいます。

また、アテナイのテーセウス王も、オイディプスから、苦難と悲嘆の苦しみのみの生涯を此の地で終らせて貰いたいという嘆願を受けたとき、此の地に祀られている女神達『エウメニデス』についてはよく知っており、この女神たちに対して王として払うべき敬虔の印が、此の嘆願を優しく受け入れることによって、明らかにされる、またそのような『エウメニデス』女神たちの聖なる許しの力を内外に顕示することが叶うならば、アテナイという国にとっても、この上ない徳名を重ねることになる。そのような考えが、遠くから閃いたからこそ、無一物の乞食老人を、客人として優しく迎え入れたのであろう、と思われるのです。悲劇『コロノスのオイディプス』を、最初から最後まで優しく包み、受け入れる雰囲気は、此の物語の終末を、優しい受容によって終らせたいという、原作者ソフォクレスの、老境にある彼自身の深い祈りが籠められていたからではないでしょうか。

遠くから呼ぶ声にひかれすぎたためでしょうか、それとも、無一物の年寄りとなり、行き先も長い杖のたすけ無くしては覚束なくなっている、自分自身のせいでしょうか、会った事も話をしたこともない、遠いソフォクレスの内なる思いにまで、踏み込んでしまいました。どうか、私の僭越な振る舞いに、なにぶんのご容赦をたまわりますように、お願い申し上げます。

〈ギリ研〉から映画へ——監督業の半生

中島貞夫

大変高尚なお話を聞いたあとで私が登場いたしますと、自分自身が何か場違いな感じもするわけです。ただ、学生時代はギリシャ悲劇、なぜなのか、これについては、のちのち座談会があるようなので、そこでお話しさせていただこうと思います。

ギリシャ悲劇の公演を終えたのは大学四年生の六月でした。卒論は〝コロス論〟と決めていたので、そこから自分の行く道を決めなきゃあいかん。何をやろうかと……。そもそも大学入学時には、いまだ漠然とではありますが哲学を学ぼうと考えておりました。何しろ高校時代、当時流行していた肺浸潤にかかり、高三の夏に休学を命じられるまでは、野球と映画にうつつを抜かしておりました。そしていざ大学入試の勉強となった時、休学ということに相成った次第です。しかしこの休学（約十カ月）が、自分の人生にとって大変大切な時間であったことも事実です。療養中、主に自宅療養でしたが、当時はテレビなどありませんでしたから、時間を過ごすには

本を読むこと位しかありません。初めは文学書を、そしていつか哲学書へ。と言っても当時大流行だったイデオロギー関連のものが多かったのですが、片っ端から読み漁りました。そんなことから大学では哲学をやってみようと……。そして大学で思いもかけず遭遇したのがギリシャ悲劇でした。

さて、これからが本日私に与えられたお話のテーマでございます。

卒業後の進路として、さあ何をやろうか。一つには大学に残って研究者になろうかなという思いがございました。これはかなり強くありました。もう一つには演劇の世界にいってお芝居台本を書こうかなという気持ちもありました。現実にそれを勧めてくれた関係者の方もおられました。そしてもう一つが、映画でございます。というのは、本郷に移った頃、初めて東大に映画の講座ができまして、佐々木能理男《ささきのりお》さんという、エイゼンシュテインの研究者がいて、そこで映画の理論的なものと触れ合う機会がございました。ただ、映画というのは、あまり研究する対象ではなくて、見て楽しむ、つくって面白がるという世界だなという感じはずっとしていました。で、映画の世界に行くかと。この三つの中から何をやろうかなということだったわけです。

当時は映画の全盛期でした。今から振り返りますと、昭和三十四年、今から六十年近く前ですけれども、その頃の映画界がどういう状況だったかというと、実は昭和三十三年という年が、映画館にお客さんが一番入った年なのです。当時、日本の人口は一億人ぐらいです。一億人ぐらいの人口で、映画館に入った年間の入場者数が十一億二千万人になるのです。ということは、赤ん坊から我々のような年寄りまで全部入れても、一年間に十一回は映画館に行って映画を見ていたと。しかも、その頃この映画というのは、殆どが二本立てでしたから、最低でも二本見るわけです。そういう時代です。ですから、どんな映画でもお客さんが入ると言ったらおかしいですけれども、とにかく映画界というのは、我が世の春をうたっておりました。

私が入った東映に関して言いますと、その翌年の昭和三十四年というのが一番お客さんが入った年なのです。というのは、東映という会社は一番後からできた会社でした。松竹だとか、東宝だとか、日活という会社が少し遅れてできますけれども、日活も戦前は、大日活ですからね、それが戦争が近づいた中で、統合されて大映という会社になったのですね。ですから、東宝、松竹、大映、そして日活が復活して、そのはざまに東映が参加していくという形になったわけです。

東映という会社の成立を言いますと、戦争中、日本は今の中国東北部の満州を支配していて、満州に満映という会社をつくりました。ですから、日本の映画人がずいぶんそっちで映画製作をやっていたという事情もあった。戦後、そういう人たちが帰ってくるのです。特に、満映にいた人たちは、少し帰ってくるのが遅くなりました。それは中国の共産党の方針で、日本人に残ってもらって映画づくりを中国の人間たちができるようにしようということで、内田吐夢監督以下、何十人もの人たちが残ったりしました。

そういう人たちが帰ってきて、日本でどうするか。その受け皿のためにもということで……それだけではないのですが、それも一つの理由で、東映という会社が昭和二十六年にできたのです。当時は新東宝という会社もありましたが、映画五社と言って、五つの会社が競い合って二本立ての映画を市場に出していました。そして昭和三十三年には十一億二千万人が映画を見ていた。東映という会社は、戦後の映画ブームに少し遅れて参入したわけですが、徹底した娯楽時代劇づくりが成功して当時は最も勢いのある会社で、その余勢をかりて、もっともっとお客さんを獲得しようと、第二東映というもう一つの配給系列を作ろうとしておりました。つまり当時は二本立て興行ですから、毎週四本の映画を送り出そうとしていたのです。当時の東映の社長の大川博さんという方が、「日本映画の興収の半分を頂く」と豪語しておりました。ちょうどその年に、東映に入社することになりました。

確かに映画業界には全盛期の勢いもありましたし、何と言ってもまだまだ発展してゆくだろう。そういう中で自分を試してみたい。研究者になるのも夢でしたが、久保さんのような方に接していると、こっちはやはり現場人間で、肉体を使いながらものづくりに励む現場の方が向いているのではないか……そんなことが、まあ、映画の世界に飛び込んだ理由だったと思います。

しかし入社してみると、東映という会社はそれまで自分が思い描いていた世界とは大きく違うということに気付き、戸惑いました。特に社長の大川博さんという方が、東急から映画をつくるために来た方でしたが、まったく映画を知らない方だった。ですから、映画界のお金の使い方を見ていて、こんなことでは経営が立っていくはずがないじゃないかと。というのは、当時の映画界はお客さんが入ってくれるので、予算もくそもあるもんかってですね、お金がかかると言ったら、ぼんぼんかけても、それが回収できるので、非常にラフな経営状態だったわけです。何とかそれを立て直さなければいけない。予算主義ということで、この映画はいくらでつくる、一銭もオーバーしてはいけないという方針を打ち出したわけです。

そのためにはまず映画を作る連中……その中心が監督ですが、将来の監督を目指す助監督として採用された者には、徹底的にこの金銭感覚を身につけさせなければいけない。とまあそういうことで、入社後一カ月の講習期間中、ソロバンの練習を必修としてやらされました。大学を出て改めてソロバンの練習というのが予想外だったこともあり、大いに戸惑いを覚えたことを今でもはっきりと覚えています。

そして次に遭遇したのが、勤務地への配属の問題でした。と申しますのは、当時の大映、松竹、そして東映の三社は、東西……東京と京都に撮影所を持っておりました。映画製作にたずさわるということは、その東西の撮影所のいずれかに属するということでもありました。

ここで少し、日本映画の草創期の歴史に触れさせていただきます。

今からちょうど百二十年前です。ルミエール兄弟というフランスの科学者が、今のような映画方式……フィルムで撮って、それをスクリーンに上映する〝シネマトグラフ〟と呼ばれる機械を発明いたしました。この「スクリーンに上映する」ということは、実は、非常に画期的なことだったのです。スクリーンに上映するということは、一本のフィルムで何千人、何万人の人に見せることができるわけです。しかもそのフィルムは複製することができる。ですから、これがどんどん広まっていって、映画の全盛期を迎えるわけです。

当時、エジソンも同じようなものを発明していますが、ただ、これはのぞきカラクリなのです。一人しか見られなかった。これでは一個の機械で一人しか見られないので、興行には適さないわけです。

遠く離れた異国の風景や風俗、特に珍しい「動く被写体」をカメラにおさめ、それを映してみせる。丁度その頃日本では、日露戦争が勃発致しました。明治三十年代。もちろん日本人の技術では、まだ撮影できなかったわけで、フランス人の力で日露戦争の映像を撮って、これは日露戦争百年のときにテレビでずいぶん流れました。戦争そのものはほとんど撮っていません。ただ、東郷元帥の連合艦隊が黒煙を上げて日本海を走っていたり、二百三高地へ兵隊がワアッと参集したりという程度の映像なのですけれども、何しろ動いているわけですから迫力がある。

話は前後致しますが、シネマトグラフが日本に入ってきたのは、ルミエール兄弟の発明後二年という、その頃では考えられない早さでした。これには訳があって、実はシネマトグラフ一式をルミエール兄弟から譲り受け日本に持ち帰った稲畑勝太郎さんという実業家兼科学者が、留学時代ルミエール兄弟と友達だったという幸運によるものでした。

さて、こうして日本に入ってきたシネマトグラフですが、次はその実験上映をどこでやろうかという時に選ばれたのが、実は京都だったのです。というのは、天皇陛下が東京に行っちゃって、新しいことをいろいろ始めた頃で、琵琶湖から水を引いた疏水《そすい》というものがございますが、その京都の終結点、蹴上《けあげ》というところにその水を使って発電所をつくっていたわけです。上映には電気が必要だからそこで映してみようか……ということで、ちょうど今から百二十年前に動く映像が映し出されたのが京都だったのです。

ただ、映しただけではどうということはないのですけれど、その後、日露戦争の上映でお客さんがたくさん入ってお金を儲けた人がいて、ではそれをどうやって拡大していくか……日露戦争が終わっちゃうと、たくさんの人が見るようないい被写体がもうないわけです。やっぱりそうなると必要なのがスターなのです。歌舞伎のスターを使ったりして撮ろうじゃないかと。ただ、歌舞伎の舞台をそのまま撮る、これは記録映画ですね。そうではなく映画的にそれを撮ってみよう。つまり背景をよりリアルな場所にし、それに合わせて登場人物の動きもよりリアルに……。それを行ったのが、日本映画の父と呼ばれている牧野省三で、作品の名は『本能寺合戦』。ただ残念ながらその映像は一コマも残っておらず、現存しているのは興行用のチラシのみですが、とにかくこうして劇映画が誕生したわけです。

以来、次々と歌舞伎の演目を下敷きにした作品が生まれておりますが、それに伴い撮影所が生まれ、スターが生まれ、京都は映画、特に時代劇映画づくりの拠点となってゆきました。

時代劇には京都というところは大変適している場所だったのです。後に考えてみると、いろんな借景《しゃっけい》がある。特に、お寺でも何でも歴史がつくった景観がいっぱいありました。今でもそうですけれども、そういうことが一つ。

それから、着物にしても、何をつくるにしても、伝統工芸の力というのが非常にあった。例えば刀、チャンバラの刀……あれなんか、もちろん本物ではなくて竹光なのです。それに銀箔が貼ってある。つまり、銀箔貼りの技術、箔を貼る技術が京都にあったので、それでやってみたら非常に刀の光に近かったわけです。今でもそれが使われているのですけれども、そういう伝統工芸の力がすごかった。

もちろん東京でも同時期映画製作が始まっておりましたが、大正十二年に関東大震災が勃発し、東京が壊滅状態になったので映画人の殆どが京都に来たわけです。ですから大正から昭和の初期にかけては、殆どの映画が京都で作られるという状況が生まれ、その拠点であった太秦《うずまさ》が『日本のハリウッド』と呼ばれたのはこの頃のことでした。

何故長々と戦前の話をさせていただいたかといえば、このような事情があって日本では東京と京都が映画製作の二大拠点であったということ、そして東京で現代劇を、京都では主に時代劇作りを……という流れがいつの間にか定着していた、ということをご理解頂くためでした。

本題に戻ります。

私が東映に入社した頃、つまり昭和三十年代、映画五社のうち大映、松竹、東映は東西、東京と京都の双方に撮影所を持っており、東京では現代劇を、京都では時代劇を、というすみ分けがはっきりとしておりました。いざ東映に入社したものの、東京の撮影所に配属されるか、それとも京都の撮影所かという問題が生じました。その頃、若いですから、時代劇なんかあまり見たことないし、現代劇をやってみたいということで、もちろん東京に残るつもりで助監督試験を受けたわけですけれども、さあ、ふたを開けてみると、京都を希望する人員がほとんどいないわけです。というのは、その頃の東映京都撮影所というのは、大スターがおりまして、片岡千恵蔵さんだとか、市川右太衛門さんであるとか、若い人にはピンとこないかもしれませんけれど、両御大《おんたい》と呼ばれておりました。お二人とも映画の極めて初期の頃から、自分でプロダクションをつくって映画をつくり続けてきていて、五十代なのですけれども、お金を持っていますから東映をつくるのに出資しているのです。だから重役です。その他に、中村錦之助、のちに萬屋《よろずや》錦之介といいますが。それから、大川橋蔵、東千代之介、美空ひばり……というような、そうそうたるスターの方々がフル回転で映画をつくっているわけです。

年間の製作本数も、京都の撮影所で六十本、東京で四十本と、あくまで京都の撮影所がメインで、その忙しさが聞こえてくるときは「京都の撮影所では歩いているものはいない。みんな走っている」というような。更に大スターが中心で、「スターにあらずんば人間にあらず」というような扱いを受けるとか……とにかく京都を志望する者は殆どおりませんでした。私も当然東京に残るつもりで。そうしたら人事課長に呼び出されました。

「ちょっと来てくれ。君ね、ギリシャ悲劇をやっていたのだろう。あれは時代劇だよな。行ってくれよ、京都へ」というわけです。これはどうにも勝負にならないなと思って「じゃあ、行きますか」と、半分やけくそで京都に行ったというのが実情です。ギリ研であったがために京都撮影所に行く羽目になったというのが、まずはギリシャ悲劇をやった結果の一つであります。

そういうことがあって京都に行ったのですけれども、何しろ……大変でした。私の入った翌年から、じわじわとテレビの影響が出始めたのです。というのは、入った年に、この四月末日に退位する両陛下の結婚式のテレビの中継がありました。パレードの。あれで白黒テレビが日本中に広がっていった。そして、その五年後に東京オリンピックが開催されるわけです。東京オリンピックの年に、それが全部カラーテレビに変わっていった。つまり、テレビの拡張期と、その五年間というのがばっちり合っているわけです。

その五年間、助監督をやっていたのですが、実は監督になった年がちょうど東京オリンピックの年で、東京オリンピックを横目で見ながら映画を作っていましたが、もともと十一億二千万人いた映画人口が、オリンピックの年には五億人を割っているわけです。それが完全にテレビの影響だというのをどこかで判っていながら、知りたくないというのが、当時の映画人の考え方でした。面白いのを作りさえすればお客さんは来てくれる……みたいな、わりとのんびりした考え方がありました。

でも、われわれ若手はその影響というのを非常に強く感じていました。ですから古い監督さんたち、古い製作者陣と若手の間で相当な亀裂が生まれているわけです。そういう中で、若い人を監督にしてみようという動きがあって私も監督になったわけですけれども、この時に、映画は、どうやったらこれからも生き延びていくのか、このままつぶれてしまうのではないか、テレビに全部吸収されてしまうのではないか……という危機感が非常にあったわけです。岡田茂というリーダー格、のちの社長ですけれども、大プロデューサーがいて、この人とだいぶ議論を致しました。

われわれ若手を東映という会社はどう考えているのか、つまり旧来の作り方では駄目だということで、いろんな手を打ったわけです。それまでこちらも文句ばかり会社に言っていたので、「おい、うるせえの。文句ばかり言っててんと企画を出せ」ということで、最初に出したのが『くノ一忍法』という山田風太郎さんの艶笑喜劇の小説がありましたが、それだったのですね。

これは私自身も到底映画にはならない代物と思いながら、奇をてらっての事だったのですが、案の定「あんなもの映画になるかい」と。しかし数日後、「あれなあ、ホン（脚本）にしてみい」。そしてさらに数日後、「あれ撮ることにきめたぞ」。「え!?」。「あんなもの撮るやつおらんからお前撮れ」。全く思いがけぬコトの成り行きに、「勘弁してください。あれジョークでした」と言ってももう後の祭り。困り果てた末に、ギリシャ悲劇はある事情でやむを得ず途中でリタイアした駒場時代からの友人、倉本聰に電話を入れました。「助けてくれ！」。当時彼は新進気鋭のシナリオライターとして売り出し中でしたが、そこは渡世の義理、京都へ来てくれました。しかし素材が素材だけに、はてどう取り組んだらよいか。とにかく女の忍者＝くノ一が、これもその道の名うての男の忍者と互いにセックスの秘儀を武器にして戦い合う……ということで、戦いのディテールは到底映像化不可能。そこで思いついたのが、これはもう徹底して非現実的な空間設定の中で、非現実的なドラマ展開するしかない。ということで、まずは全ての撮影をステージの中につくられた様式的な背景の中で行うことを手始めに、可能な限り現実性を避けることに専念いたしました。

しかし〝明るく楽しい東映映画〟の牙城である京都撮影所は、そこで女優の裸を撮ることに大騒ぎ。ステージの入口にガードマンが立つわ、当時大変に仲が良く、私が一本立ちする時は出演してやると言っていた錦ちゃん（中村錦之助）からも、「お前とはもう絶交や」と言われるし……それでも何とか撮り上げて。興行成績＝お客さんの入りも上々で、すかさず第二作目『くノ一化粧』の製作に取り掛かることになりましたが、映画批評家の中には、私が学生時代ギリシャ悲劇に携わっていたことを知っている人もいて、背景の様式化を見て〝ギリシャ悲劇の影響が見られる〟的な批評を書いてましたが、これはこじつけに過ぎません。

当時はテレビ時代劇の全盛時代であり、その筆頭が『水戸黄門』シリーズで、黄門さんには東野英治郎さんが扮しておりました。東野さんにはギリ研時代、何かとお世話になっており、撮影所で会うたびに「おいギリ研」「ギリ研！」って。最後まで私の名前を知っていてくれていたのかどうか……とにかく「ギリ研」で。

それがギリシャ悲劇研究会のことだなんて知らないスタッフは、ギリ研って……？ と。ほら、義理何とかって言葉がありますが、大方そんなところだろうと。

〝くノ一〟もので監督としてスタートをきるにはきりましたが、それからが本格的な試練の道でした。とにかく映画でメシを食う道を選んだ以上、自分達の拠点である京都の撮影所の活性化をはからねばならない。そのためには、テレビでは見られない素材で映画をつくること。その手がかりは〝くノ一〟と〝任侠もの〟、エロと暴力だ。ではそのエロと暴力をどう見せるのか。〝エロと暴力〟という言葉は、当時も侮辱的に使われていましたけれども、それを否定することは簡単なのですが、あえてそれを映画でどう見せるかということをやってみようと。

『くノ一忍法』もそうですが、先ほど、タイトルが出ていました『893《やくざ》愚連隊』という作品……これは、東映の京都撮影所は時代劇の撮影所だったものですから、ほとんど現代劇を撮ったことがない。でも、「やらせてください。予算が少なくても結構です」ということで、オールロケーションで撮ったのが『893愚連隊』です。これが、映画界で一人の監督として認められた作品になったわけですけれども、その時に、週刊誌に書かれたのは〝エロと暴力を描く東大出の監督〟みたいなタイトルの記事でした。

ただ自分自身の中では、やっぱり、ギリシャ悲劇をやったというどこかに誇りみたいなものがありましたので、それが一つの支えになったことは確かです。人に何と言われようと、今この状況の中で映画を持続させる、あるいは拡大させていく方法というのは他にないのだと、そう思い込んでやるしかしようがないのだという信念で。

ちなみにその頃、昭和六十年代後半の作品を並べてみますと、『893愚連隊』以降、海軍十四期飛行予備学生の手記を基にした『あゝ同期の桜』(オールスター)、『大奥㊙物語』(大奥もののはしり)、『続・大奥㊙物語』、ドキュメンタリー『にっぽん'69セックス猟奇地帯』そしてこれもオールスター映画『日本暗殺秘録』、そして『温泉こんにゃく芸者』と、あ然とするようなラインナップが並びます。

ただ、撮影所の中は少しずつ荒れていきました。荒廃していく。大体の作品が暴力、つまりヤクザ映画全盛になっていくわけです。一方ではエロチックなもの。そうすると、撮影所の中が二分されていくわけです。どうしても、エロを扱う作品をつくるグループと、暴力とヤクザを描くグループに二分されていくわけですけれども、僕自身は両方やろうと。次から次にやりたいことが生まれてきていました。でもドラマづくりに何の違いもないし、やろうと思っていてやりました。いろいろありました。例えば、鶴田浩二さんと仲違いして、七年間ぐらい、撮影所の中で会っても互いにそっぽを向いたり。とにかく、そういう中で、新しい映画づくりを考えていこうと。映画の一つの非常な武器である、劇場用のドキュメンタリーをつくってみようとか、いろいろやりました。

そういう時に、ギリシャ悲劇をやったことは忘れているけれども、そのどこかに、自分は学生時代にこういうことができたんだという、誇りというとあれですけれども、そういうものが自分の中にあったことは確かなのですね。ですから、自分自身で、それが決して無駄ではなかったという気持ちをずっと持ち続けたからやってこられたという実感がございます。

細井さんの最初の話の中で、『オイディプス王』をやった時に、どこでやろうか……ただ、大前提としてこれは野外劇なのだと。野外劇だから野外でやるということは大前提として考えよう。その時、ふと日比谷の野外音楽堂を思い出して、そこに行ってみようと。行ってみたら、真ん中にベンチがありますよね。あれを外すと、そこをコロスの活躍の場にすると、非常にギリシャの野外劇場に近づけるのではなかろうか。違うけれども、なんとか雰囲気は出せるだろうということで決めた経緯がございました。

実は、脚本づくりを八月の夏休みに倉本くんと信州の山にこもって、二人でやろうとしましたが、これはうまくいかずにむなしく帰ってきて。それでも「何とかしなければ」と言いながら本づくりを始めたわけです。その本づくりをしながら、では、どこで上演しようかと。それが、日比谷の野外音楽堂のベンチを外してやればいいだろうということで。それからは不思議なことに、本もどんどん書いていけるようになったわけです。

ただ、いざ稽古に入ってからは、久保さんとずいぶんぶつかりまして、久保さんの明晰な頭脳と豊富な知識の前では、私ごときは吹っ飛んじゃうのですけれども。「これは、こうやるんだから」と言い張って、暴力的な言葉で押し通したこともございます。

その背景で、当時の美学の竹内敏雄教授という、いささか偏屈な教授がいたのですが、その教授が、なぜかかわいがってくれまして。「実は、こういうものをやりたい」と最初に言った折には研究だけのつもりだったのですけれども、「実際に上演してみたい」と言ったときに、「無謀」と一言。ただ数日後でしたか「やってみたまえ」ということになって、それで始めたわけです。途中、本のことでご相談にあがると「君ね、何カ所誤訳あると思うんだ」とか、いろいろと指摘がありながらも、本質的に「やってみろ」というバックアップがあったというのが、実は、自分自身にとって大変な励ましだったのです。同時に、一緒にやってくれたギリ研の友達、この辺の話は、またあとの座談会でゆっくりとさせていただきたいと思います。

いずれにせよ、大変高尚な内容の、このギリシャ悲劇をやりながら、のちのちに、エロと暴力の映画をつくり続けた一人の男の歩みを、今日はお話しさせていただきました。

ご静聴ありがとうございます。

古代の叫びと近代の沈黙

毛利三彌

わたしは、大学の三年生のとき二つの研究会に属していました。一つは歌舞伎研究会、これは二年生のときから入っていました。もう一つは、三年になって入ったギリシア悲劇研究会です。どちらも、上演に力を入れていましたが、歌舞研の方は、通常の部活動らしく、大学の文化祭で上演していました。三、四年生のいる本郷のキャンパスでは五月祭の上演でしたから、ほとんど同時期に日比谷の野外音楽堂で上演するギリシア悲劇と重なって稽古をすることもありました。まったく対照的な芝居にかかわっていたということです。わたしはどちらにも、たまらない魅力を感じていました。四年になって、歌舞研で念願の主役ができることになり、『封印切』の二枚目役の忠兵衛をやったときは、実にいい気持ち、これだから芝居は三日やったらやめられないというのだと納得しました。でも、ギリシア悲劇研究会で、『アガメムノン』という劇で、コロスつまり舞唱団の一員として、仮面をつけて歌って踊る役をしたときは、何とも言えない高揚感を

味わいました。それで結局、わたしは歌舞伎ではなく、ギリシア悲劇の方に傾いたのです。それは一言で言えば、プレイよりドラマをとったということだったと思います。歌舞伎にドラマがないと言うと、専門家から叱られるかもしれませんが、しかし、ギリ研は、研究半年、上演半年の団体で、その研究となる毎週の例会で、久保さんが話されるギリシア悲劇のドラマとしての広さ、深さ、その魅力が、久保さんの情熱的な語り口と相俟って完全に私をとらえたということなのです。わたしは一年留年しましたが、ただただ、ギリ研の研究会で久保さんのお話を聞くことだけに一年を費やしたと言っても過言ではありません。

ところが、その後、ギリシア悲劇を研究するつもりでアメリカに行ったのですが、ひょんなことからロサンジェルスの大学の演劇学科に入ってしまいました。そこでまたひょんなことで、十九世紀のノルウェーの劇作家イプセンと出会い、これまたすっかり魅了されてしまったのです。それまでイプセンなんてほとんど知らない作家だったのですが、はじめて読んだイプセン英訳本の最初に載っていたのが、聞いたこともなかった『ロスメルスホルム』という劇で、これを読んでびっくりしました。いったい、これはどういう劇なのか。ここに出てくるヒロインのレベッカは、わけが分からない。それなのに、この上なく惹きつけられる。どうしてこんなことになるのか。それを知るにはイプセンを原語で読む必要があるのではないか。わたしはノルウェー語のクラスをとり、半年すぎたとき、ノルウェーの大学の夏期講習に行きました。ノルウェー語で行なわれる授業はさっぱりわからないまま、講習が終わってみると、なんとなく辞書片手に原語でイプセンを読めるようになっていました。それで、イプセンで修士論文を書いて卒業したのです。この間いろいろなことがありました、ほんとうにいろいろあって、ノルウェーの魅力にも取りつかれてしまいました。

それで日本に戻ってみると、なんということ、まだギリ研はつづいていたのです。わたしを待っていたとばかり、次の年のギリシア悲劇上演の演出をわたしがすることになり、わたしは、エウリピデスの『バッカイ』（バッコスの女たち）という作品を選びました。もう久保さんは研究会にいらっしゃいませんでしたが、またもやわたしはギリ研に入りびたりになり、まさに流行語のように、全身全霊をかけました。ですから、公演が終わると、一種の虚脱状態に陥りました。すると、どうしてももう一度ノルウェーに行って本場のイプセン舞台をみたいという思いにかられてきて、ノルウェー大使館に日参し、一か月だけでしたが、ノルウェー滞在の奨学金をもらえることになりました。でも渡航費は出ない。それでこれも大使館の世話で、ノルウェーの貨物船で働きながらノルウェーまで乗せて行ってもらうことになったのです。またもやいろいろありました。行ってみたら、俳優たちのストライキで芝居の上演が一切ない。しかし、オスロ大学の先生が同情して高額の奨学金をとってくださり云々と、まさに人間万事塞翁が馬、偶然の重なり合いで結局ノルウェーで一冬を過ごし、帰国して運よく、成城大学に演劇学を教える職を得ました。世間からはノルウェー帰りのイプセン研究者とみなされていましたが、わたしの演劇研究の土台には常にギリシア悲劇とイプセンがあります。しかもそれは研究と舞台実践が結びついたものだということです。

長い前置きになりました。

さて、今回の〈遥かな呼び声〉の標題ですが、わたしは、とっさに、「古代の叫びと近代の沈黙」という題を思い浮かべました。もちろんギリシア悲劇に沈黙がないわけではありません。イプセンに叫びがないわけではありません。しかしあえて図式化すれば、古代では沈黙のあとに叫びがくる、近代では叫びのあとに沈黙に陥る、というところがあるのではないでしょうか。

イプセンに入り込むきっかけとなった『ロスメルスホルム』という劇で、ヒロインのレベッカはわけの分からない女だと言いましたが、実は劇中でみせるレベッカの突然の沈黙が決定的な意味をもつのです。彼女は母の亡きあと、自由主義者の養父のもとでまったく自由な女として育てられたのですが、養父を一人の自由な男とみて肉体関係をもったという過去がありました。ところが劇中で、養父と思っていた人は実は本当の父親だったのだと知らされる。この事実に彼女は言葉を失うのです。自信をもって滔々と新しい信念を述べ立てていた自由主義者のレベッカが、突然の沈黙に陥る。ですが、彼女が養父と関係していたということは劇中でどこにも言われていません。ですから読者も観客もこのレベッカの沈黙した動揺が何を意味するか解りようがない。あのフロイトはイプセンに大変興味をもっていましたが、レベッカは父親と関係をもっていたのだと見抜きました。彼はこの劇にエディプス・コンプレックスの一典型例をみたのです。実は彼よりずっと前にレベッカの近親相姦を見抜いていた人がいました。ニーチェの女友だちで、のちにはリルケともフロイトとも付き合うことになるルー・ザロメです。ニーチェはイプセンを知らなかったと思いますが、リルケはイプセンに深い関心をもっていました。

わたしは、『ロスメルスホルム』を読んだとき、もちろんレベッカの過去には思い至りませんでした。ですから彼女の沈黙の罠に落ち込んだのだと言ってもいいかもしれません。イプセンには、沈黙する人物とか沈黙する場面が多くあります。それはその人物の決定的な発見のとき、あるいは発見にいたるきっかけになるときで、まさにアリストテレスがギリシア悲劇の分析で言ったアナグノリシス、認知です。そしてこのアナグノリシスは、運命の転換つまりペリペテイアと重なる手法がもっともよいとアリストテレスは言いましたが、イプセンの劇はまさにそういう作り方をしています。出生の秘密を知らされてレベッカの自由な世界観が一転してしまうのです。どうすることもできないこの過去をどう乗り越えるか、それがその後のドラマになるのです。

ギリシア悲劇では、アナグノリシスのとき、その人物は大声で叫ぶことが多いのではないでしょうか。絶望の叫び。よく知られているのは、有名なオイディプス王の叫び。自分は王妃イオカステと先の王ライオスの子だと知ったときです。ああ、おれは母と交わり、父を殺した、と彼は絶望の叫びをあげます。ギリシア語を知らないわたしが知ったかぶりをすると笑われるかもしれませんが、このオイディプスの発見の叫びは、より正確には、交わるべきでない人と交わり殺すべきではない人の血を流した！　という言葉のようです。これはちょっと重要な点でしょう。ここに二重のトリックが仕掛けられているとわたしには思うのです。そのことにはあとで問題にします。

ともあれ、ギリシア悲劇にも沈黙がないわけではないと言いましたが、沈黙は劇的な約束事の一つなのです。ご存じの方も多いと思いますが、古代のギリシア悲劇でせりふを言う俳優の数は制限されていました。アイスキュロスのころは二人だったのが、次の世代のソポクレスがこれを三人に増やし、それ以上はもう増えなかったと言われています。一人の俳優が何人もの人物を兼ねますから登場人物の数は多くていいのですが、同時に舞台上にあってしゃべる人物は三人までということです。四人いなければ成り立たない場面もエウリピデスにはあるという意見もあるようですが、三人でも処理できないことはないともみられているようです。なぜ三人どまりでギリシア悲劇は続いたのか、演劇学的に面白い問題ですが、今はおくとして、せりふを言わないだんまり役はいくら登場してもいいのです。ですから、彼らが沈黙しているのは劇の要求というより約束事の要求です。ところが二人俳優制の下にあったと思われるアイスキュロスの『アガメムノン』では、有名な場面ですからよく指摘されますが、トロイアの王女カサンドラがアガメムノンの奴隷となってつれてこられて、王妃のクリュタイメストラがいくら話しかけても沈黙している。舞台にはすでにアガメムノンとクリュタイメストラの二人が登場して発言していますから、カサンドラはだんまり役で沈黙するしかないと客は了解している。すると、王妃が怒って退場したあとに突然カサンドラは叫び声をあげるのです。その叫びは、岩波書店の全集にある久保さんの翻訳では、「お、お、お、お、おい、ぽぽい、だあ、おぉポローン」となっています。このわけのわからない言葉を発するカサンドラにコロスはびっくりします。それ以上に、彼女をだんまり役と思っていた観客は仰天したはずだと久保さんは解説で述べられています。言い換えると、この叫びによって、それまでのカサンドラの沈黙は本当の沈黙となるわけです。

これに対し、イプセンは叫びのあとにくる沈黙の効果をよく心得ています。イプセンの中期現代劇に『ゆうれい』というのがありますが、その最後近くの場面で、母親のアルヴィング夫人は、息子が放蕩者だった父親の病気を生まれながらに遺伝していたことを知って驚きます。それに追い打ちをかけるように、息子はやがて脳軟化症で発狂すると医者に言われているけれども、赤ん坊のようになった自分を想像することに耐えられないと言って、そうなったときはぼくを殺してほしいと母親にモルヒネを渡そうとするのです。アルヴィング夫人は動転して叫びます。わたしはおまえに命をあげたのよ、それを取れというの！　すると息子は叫び返します。お母さんのくれた命なんてどんな命だ、こんなものはいらない、お返しする！　アルヴィング夫人は、助けて助けてと叫び声をあげて部屋から逃げるしかない。息子もあとを追って行き、しばし舞台はまったくの空白になります。人物の沈黙が舞台そのものの沈黙となる。これは凍りつくような劇効果です。論理的に説明できるものではなくて、どうすることもできない沈黙、空白。あのレベッカの沈黙もそうでした。自分の過去の罪をどうすることもできない。これはやはり屋内劇場でなくては表現されないでしょう。

しかし、ドラマは言葉の芸術です。よくドラマは対立だとされますが、対立は論争です。ギリシア語ではアゴンというそうですが、ギリシア悲劇でもイプセンでも、劇中で必ずといえるほどにアゴンの場面がきます。その集約として叫びとか沈黙がくる。しかしそのどうにもならない対立とは何と何の対立か。それは夫婦の対立、男と女の対立で、男とは社会を、女とは個人をさしている。つまり社会と個人、全体と個の対立。そうわたしには思われます。これをどうやって両立させるか。それができなければ本当の民主的な社会は成立しない。少なくともアイスキュロスとソポクレスの現存する作品、それぞれ七作品だけですが、その大半は社会あるいは国と個人の利害が対立して、それをどうやって解決するか、どう乗り越えるかの問題を扱っているのだと思います。イプセンの現代劇では、家族に焦点が当てられ、ほとんどの劇が核家族に設定されているのですが、そこで夫婦の対立とその結果としての子供の関係が問題にされます。そして中期の代表的な作品では、一作をのぞいてすべて父か母がいないいわゆる単親家族、母がいない家族では娘が、父がいないところでは息子が、夫婦、両親のかつての対立の結果を背負って矛盾した生き方を強いられるのです。そしてこのとき、男の方は社会とつながっており、そのつながりの結び目になっているのは金銭。それに対して、女の方は個人の立場、それは愛を基盤とする。この二つはどうしても両立しない。夫婦の関係が本当の結婚となるのは奇蹟であって、それを待っていた『人形の家』のノーラは夫に見事に裏切られ、もう奇蹟は信じないと言って、女の法を求めて家を出ます。『ゆうれい』の母親であるアルヴィング夫人も、自分が夫の生き方を否定していたつもりで、実はそれに従っていたことを悟る。それでどうすればいいかわからない。発狂した息子の姿を前にして言葉を失うのです。レベッカも、社会と個人が一体となるという真の自由主義を目指しながら挫折し、男と一体になることは、ともに死ぬことでしか実現できないことを知ります。イプセンは近代社会の行き詰まりを見据えていたと言えるように思います。

先に、『オイディプス王』のアナグノリシスの場面で、母と父を意味しながら直接はそう言わないことに二重のトリックが仕掛けられていると言いました。ここでも父とは社会つまり国王であり、父殺しではなく国王殺しの犯人が野放しになっているから国は疫病にさらされているというのがデルポイの神託です。神託は父殺しのことも母との結婚のことも何も言っていません。そしてオイディプスが先王ライオスの子とわかっても、ライオス殺害者かどうかはまだ決まっていないのです。それはライオス王を殺した盗賊が複数だったか単数だったかによるので、それを証人にたずねなければ判断できないはずですが、オイディプスの出生の秘密を証言する男と先王殺害を証言する男が偶然に同一人だったために、一方を聞いただけで他方も証言されたように錯覚してしまう。そして、観客にもその錯覚を共有させるために、父や母という直接的な言い方ではなく、殺すべきではない人を殺した、交わるべきではない人と交わったという間接表現にしたのではないでしょうか。つまり国王殺しという社会的行為と母と交わるという個人的行為がオイディプスとして一体となっている。父殺しではない。王妃と交わったというのではない。母と交わることは男ならだれでも夢の中でやっていることだと王妃のイオカステはオイディプスを慰めますが、ここからフロイトのオイディプス・コンプレックス（エディプス・コンプレックス）が出てきたわけでしょう。しかし、たしかに社会と個人が一体となることを踏まえずには民主主義は成立しない。ですが、そんなことがこの世界で可能なのか。アイスキュロスが求めたのはそれだったのではないでしょうか。彼は最後作のオレステイア三部作で、それを可能にする壮大な思想を表現した。西洋古典学の研究者でもないくせに、わたしはそう思っています。

わたしは、現役として演劇の講座で西洋のドラマを講じていたとき、いつもこの話から始めたのですが、オレステイア三部作の最後の『慈みの女神』で、それまでの、復讐に復讐が重ねられてきた連鎖をどうやって断ち切るかが問題になります。その復讐は先にも述べた男と女の対立であり、アガメムノンは娘を殺し、その復讐といって王妃は彼を殺す。それで息子は、アポロンの命令にしたがって父の復讐として母殺しを果たすけれども、すぐさま復讐の女神エリニュスにとりつかれ、狂ってアテナイに保護を求めてきた。アテナイの守り神である女神アテーナーは、神々同士の争いである復讐の連鎖を断つには市民たちに判断させるほかないと、法廷を設定して陪審員たちを選び、オレステスの弁護人アポロンと告発人エリニュスの弁論を聞いたうえでオレステスの母殺しは罪になるかならないか、投票させるわけです。ところが結果は同数となる。実はアテーナーは前もって、同数となったときは、議長職権とでも言いますか、自分はゼウスの頭から生まれて母をもたないから、父親に味方してオレステス無罪の方に投票すると言ってありました。それでオレステスは無罪となるのです。しかし、これは市民の数が偶数か奇数かで変わります。劇中で言われていませんが、市民が奇数ならアテーナーの一票を加えて同数となり、同数なら無罪と決めてあったということになります。しかし普通に考えれば、市民の投票が同数となって決まらないところをアテーナーが決めたということでしょう。ですからこれは神が決めたということになり、市民の無力を言おうとしたとする解釈もあるそうです。ですが、わたしはそうは思いません。神に決められないので市民に判断を委ねた、それがアテナイ民主制の土台なるわけですけれども、しかし市民にも決められない。それでアテーナーが出てきて決めた。ということは、本当の判断とは神によるのでも人間によるのでもなく、神と人間の両方が一緒になって決めることで成り立つのであり、それが民主主義の根幹となる思想だということ、それを忘れて人間がすべてを多数決で決められると考えると衆愚制に陥り、全能であるはずだとしてすべて神にしたがうときは専制政治になるということではないでしょうか。しかし神と人が一体となることはありえない。それは奇蹟でしかない。そのことを示しているのが劇の終わり方です。母殺しが許されては人間世界はめちゃくちゃになると言って激怒する復讐の女神に、アテーナーが、そんなすごい形相で喚き立てると人に嫌われるだけだから、これからは人々に恵みを与える神として敬われる慈みの女神になってはどうですかと説得するのです。しばらくあれこれ言っていますが、エリニュスは結局、そう、それもいいかな、と言って慈みの女神となることを承諾し、喜びの松明を掲げて退場歌を歌いながら去る。このようにして壮大な三部作は終わるのです。これはなんだ？　とてつもない復讐劇がこんなご都合主義の和解で終わっていいのかと言う批評家も少なくないようです。ですがわたしは、ここにこそアイスキュロスの深い思想が込められていると思うのです。復讐の女神は慈みの女神に変身するのではなく、同時に慈みの女神にもなる。相反するものが一体となる。これは奇蹟であり、奇蹟は突然生じるのが当然でしょう。この三部作は、冒頭で、トロイアを滅ぼした火が合図の火となって次々と山々の峰をわたって伝令されてきて、ギリシアの勝利を告げます。破壊と建設、それが火です。

規模ははるかに小さいのですが、同じように社会と個人の一体という奇蹟を求めたのがイプセン晩年の作品だったように思います。晩年作品では父と母がそろっているのですが、それだけに対立は激しく、そのあおりで子どもは、すでにいなくなっているか、劇中でいなくなるかします。そして子供のいない家族となった中で夫婦は、男と女は、憎み合い非難し合う。そこに解決、和解の道はあるのか。たとえば『小さなエイヨルフ』という作品では、これまた考えられないほどの心の闇の深さから、かろうじてはい出す道が示されます。ジェイムズ・ジョイスは若いときにイプセンの最後作品に接して熱烈な賛美の文章を書き、イプセンを読むためにノルウェー語を学びさえしたのですが、彼の唯一の戯曲である『亡命者たち』は『小さなエイヨルフ』を模写したかのように、両作品の人物関係がぴったり重なります。そのことを『亡命者たち』を上演したある演劇グループに話したのが機縁で、わたしは『小さなエイヨルフ』を演出することになりました。それがわたしのプロのグループでのイプセン演出の最初でした。それ以来わたしはこの劇を三回演出しています。毎回、最後の和解に来ると、わたし自身が言葉を失います。

ご存じの方も多いかもしれませんが、簡単にこの劇の筋を言いますとこうです。登場人物はフヨルド近くに住む地主でフリーの文筆家であるアルフレッド・アルメルスと妻のリータ、彼らの九歳になる男の子で脚が悪く松葉杖をついているエイヨルフ、それに町で教師をしているアルフレッドの妹アスタと、近くで道路建設をしていた技師でアスタに思いを寄せるボルグハイムの五人です。そこに伝説的なネズミ退治を職とするネズミ婆さんが現れて厄介者を始末しようと言い、エイヨルフはこの婆さんに魅せられて、だれにも気づかれずに婆さんのあとについて行き、第一幕の最後にフョルドに落ちておぼれ死んでしまいます。ハーメルンの笛吹き男の伝説を踏まえているこことはだれでも気づきますが、エイヨルフの脚が悪くなった理由は夫婦の過去の行為にあって、その負い目から逆に彼を疎んじていたことが彼の溺死をきっかけに浮かび上がります。夫婦は大声で相手を非難し合うのですが、そこに、小さいときに妹を男の子に見立ててエイヨルフと呼んでいた兄妹の関係が絡んできて、それらの曲がりくねった関係の基となるのが近代資本主義の金銭であり、それを無視する女のエロス、性愛が正面に出てきます。結局アスタは、自分が兄を男として愛していることを自覚して彼を離れる決意をし、技師のボルグハイムとつれだって去ります。残された夫婦は互いに憎み合うしかない中で、どうすることもできず、別れるほかないと思っているときに、下の貧乏長屋、これはアルメルス家の持ち物なのですが、そこから酔った男たちの叫びや女の悲鳴、子どもたちの泣き声が聞こえてくる。アルフレッドは、あんなろくでもないやつらの長屋は取り壊してしまえ、それが、エイヨルフを助けようともしなかった奴らへの復讐だと言いますが、ずっと考え込んでいたリータが突然の啓示を受けたように、あの子たちをこの家につれてきて、エイヨルフの代わりに世話をすると言うのです。アルフレッドは、おまえにそんなことは出来るはずがないと否定しますが、リータは、努力する、それがフョルドの水底から眺めているエイヨルフの目を鎮めることだと言います。それを聞いたアルフレッドも、沈黙の後に、もしかしたらぼくも手伝っていいかとたずねる。二人で一緒にこの仕事をやってみよう。まったく思いがけない、突然の和解です。だからあまりに都合がよすぎるという批評家はここでも少なくありません。ですがこの場面で、二人は夕闇の迫る中、静かに、すこしずつ、ためらいがちに言葉を出してくるのです。ここに喜びはありません。なんとかあの過去の罪を乗り越えたい、復讐ではなく助け合うことができるかどうか。エロスがアガペーとなる。夫婦は、沈黙を通してと言ってもいい、この奇蹟に至るのです。劇の冒頭では、アルフレッドは下の貧乏人たちを軽蔑することしか知りませんでした。しかしいま、自分たちの豊かさを、いがみ合いではなく助け合いに変えるという。突然の変化、それは論理的ではありません。天からの降臨とでも言うべきでしょうか。唐突にみえるのは当然かもしれません。ここでイプセンは、北欧がこのあと二十世紀になると、福祉国家として世界をリードしていくことを予見していたようにさえ思えます。そこでは、奇蹟的な愛の関係を忘れると、金持ちが貧乏人を助けてやるというだけの強者の論理に陥るということではないでしょうか。

アイスキュロスは、ペルシア戦争を制してギリシア、ヘラスの盟主のようになったかにみえるアテナイが新しい民主政治をはじめたときに、その土台となる思想を示そうとした。イプセンは、十九世紀末のデカダン風潮のなかで、辺境の国ノルウェーがまったく新しい社会制度、福祉社会の建設に向かうことを見通してその基盤を示した。オレステイア三部作は政治劇ですし、イプセンも直接政治にかかわらないようで、深く社会の問題にかかわっている。いずれも、まさしく今日の混沌とした世界情勢の中で、大いに意味をもつものだとわたしは思います。

第二部　座談会

ギリシア悲劇研究会の思い出

講演会では、各講演につづいて、講演者による座談会《ギリシア悲劇研究会の思い出》が、細井雄介司会のもとに行われた。しかし時間の制限もあり、個人的回想に偏したところもあり、必ずしも《ギリ研》活動の具体的な姿を語るものにはならなかった。そこで、かねてから旧ギリ研会員に聞いていた、それぞれの活動の話と回想でこれを補うことにした。それらは、幾人かが集まって座談をしたときの録音記録や個人的なインタビューで、それらの内容を、大幅に省略し、編集し、また、事実関係を補いながら、全体として、ある程度ギリ研の歴史を辿る思い出話にまとめた。もとより、これらの話はかぎられた会員によるものだから、ギリ研の全活動を網羅するものにはなっていないが、その十一回にわたる公演活動の、そのときどきの思いや雰囲気は、ある程度伝わるものになっているのではないかと思う。とは言え、思い違い、失礼な言葉もあるかもしれない。ご寛恕の上、ご助言をいただければ幸いである。

（毛利三彌）

発言者（発言順）

細井雄介（聖心女子大学名誉教授）
久保正彰（東京大学名誉教授、日本学士院第24代院長）
毛利三彌（成城大学名誉教授）
森村稔（元株式会社リクルート専務取締役）
中島貞夫（映画監督）
松川〔現姓 細井〕敦子（成蹊大学名誉教授）
伊藤俊也（映画監督）
中澤忠正（ＴＢＳ顧問・元専務取締役）

北川恭子（舞踊家）
石井昭夫（元帝京大学教授、元ＪＮＴＯ理事）
新徳盛史（元尚美学園短期大学教授）
菅孝行（演劇評論家）
高橋（現姓　青山）迪子（フリーライター）
西井一志（元俳優）
古山桂治（劇団新人会俳優、2015.11.23. 没）
大沼信之（歌舞伎座顧問）

司会（細井雄介）　ギリ研発展のために、久保さんが中心的存在としていかに大きな働きをなしたかということは、すでにいままでの話（第一部講演）ではっきりしているかと思います。

今日、会場にいらっしゃる方々の中には、古典学という専門領域でご活躍の方々もいらっしゃると思いますが、しかし専門というものは、深まれば深まるほど、狭い、鋭いものになっていくところがあり、それは、一方では、閉塞性であり、雪隠詰めの危なさであります。

しかし、その専門の領域で大きく展開する若いときの久保さんが私どもに与えてくださったのは、天は青空である、そこにはせいせいたる風が流れておるということでした。私どもの集まり、ギリ研の研究会では、厳しい、怖いひらめきも、久保さんの姿から表れますが、そこを出ますと、こんなにも世の中は広かったのかという大きな喜びを持って、駒場から渋谷へと流れていく、それがまた大いに私どもを励ましたというのが事実であります。そしてそれが一日二日ではなくて、あいだに若干の期間はありましたけれども、十年以上も続いた、これがギリ研であり、私どもの財産であります。

研究会の集まり（右端、久保正彰氏）

その久保さんとギリ研のそもそもの出会いはどうだったのか、そこからお話をうかがって、それから、本来のギリ研の始まりにまつわる話の方に移っていただこうかと思います。

久保正彰　東大赤門前の喫茶店ルオーでした。ハーバード大学を卒業して帰国し、東大に籍をおいていましたが、そのときは結婚した直後で、東大を見に行こうと家内を連れていって、たまたまその時ルオーでお茶を飲んでいたんです。そうしたら、後ろのほうでオイディプスのコロスがどうのこうのと、えらく問題にしている話が聞こえてきた。あとで、それは中島（貞夫）さんと森村（稔）さんのお二人だったと知りますが、その頃、「オイディプス王のコロス」などという言葉を喫茶店で聞くなんて考えもしないことだったから、本当にびっくりして、じっと耳をそばだてて聴き始めた、それが出会いの初めでした。それで、もっとよく聞こうとうしろを向いて話しかけたら、二人は突然話しかけられてひどくびっくりしたらしかった。それから、今日ここの二階でギリ研の会合があるから紹介するといわれて二階に上がり、みなさんに紹介してもらった。すでに大勢、集まっていました、北川（恭子）さんとか加村（赳雄）とか。

そのあとすぐに研究会にも参加したのですが、その頃はすでに第一回公演の『オイディプス』の台本ができていて、だれが何をやるということも決まり、もう稽古に入ろうとしている時期だったと思う。

それで、いろいろ見学させてもらって、いろんなプロセスを見ていた。会合には出ていたけど、公演に関しては積極的には何もしなかった。そういうことですから、ギリ研の始まりにまつわるもろもろには、まったくかかわっていないんです。

細井　そうですか。その久保さんとギリ研の出会いはいつのことだったのか、久保さんははじめみんなの記憶があいまいで、一九五七年の暮なのか、年明けなのかなどと言い合っていたわけですが、これが森村の当時の日記から、実は一九五八年三月一日のギリ研の総会の日だったことがはっきりしました。私はその日その場にいなかったのですが、初代代表者の渋谷（幹雄）は、そのときの会は「研究会始まって以来の盛況」で、そこで「会の基盤が確立」したと書いています（「研究会ニュース」第四号）。そのときから久保さんはギリ研に参加されて、その後の研究会の活動に大きな役割を果たされたということになりますね。

ギリシア悲劇研究会の始まり

毛利三彌　それでギリ研のそもそもの始まりはどうだったのかという話になるのですが、一九五七年四月に東大文学部美学科に進学した学生数人が中心になって作られたことは確かのようですね。ところが、詳しいことになると、これまたみなさんの記憶が曖昧になっている――

森村稔　始まりについてはね、ぼくの知るところでは、細井、中島、山谷（馨＝倉本聰）の三人で研究会が始まった。ぼくはしばらくしてから、五月くらいだったかな、安倍寿にさそわれて入ったんですよ。渋谷も、あとだと思う。

細井　ぼくは大学へ入る前、浪人中に偶然、本屋で「悪漢の悲劇」という題の論文を見つけて——

森村　雑誌『美学』の、竹内敏雄先生の論文だね。

細井　演劇にはその前から関心があったので、その論文を読んで、演劇へのこういう接近の仕方があるのかと思い、美学科に入った。そこで今森村が名前を出した同学年の三人が集まったとき、どうせなら近代演劇でなく、共通の土台としてギリシア悲劇を研究しようという話になったんですね。中島もぼくもギリシア悲劇に興味があったし、研究室にある『ソフォクレスのペシミズム』なんていう本も目についていた。そのあと、講師（映画学）でいらしてた佐々木能理男先生から、「ギリシア悲劇は、研究はいろいろされているが、学生の特権を生かして上演を試みたらどうか」と言われたこともあり、それがきっかけになって上演が検討されはじめた。それには、中島が中心的になっていたと思う。

【中島貞夫に聞く】

毛利　中島さんは、その後、映画監督として大成されるから、なんでギリシアに興味を持ったのかって、ずっと不思議に思ってたんですけど、もともとは大学に入る前から——？

中島貞夫　日比谷高校の時には、野球やってたんですが、夏の大会があるでしょ。それが終わって夏休み、それで受験勉強をちょっと一所懸命始めたら、秋の定期検診にひっかかって結局その年、休学しろと言われ、良くなって復帰したのが翌年の五月かな。それから受験勉強して大学に入った——

毛利　じゃあ、ご出身は東京なんですか。

中島　千葉です。それで、休学している間、何もないから、本を読むしかないでしょ。で、そのうちになんとなく、大学で哲学にでも行こうかなという気になってきた。それで大学に入って、はじめはちゃんと真面目に哲学やろうと思ったんだけど、そのうちに映画とか芝居、これは高校時代から、片っ端から観まくってたんですけれどもね。

毛利　そうすると最初から美学というんじゃなかったんですね。

中島　最初は哲学だったんです。それでね、一年の駒場祭の時に山谷馨（＝倉本聰）から、あいつはフランス語でクラスは別なんですけど、共通の友達がいたんで、「芝居やるんで手伝ってくれないか」みたいな話があってね。それじゃ、ちょっと手伝おうかということで、舞台監督か何かで手伝ったんですよ。それが一つの遠いきっかけなんだけれども。倉本はね、ぼくが美学へ行く気になったら、「俺も行きたい」って言い出して、美学の竹内教授はドイツ語なのに、あいつは全然ドイツ語駄目なまま、おまえなんとかしてくれ、と言って美学に来ちゃった。で、ぼくは、第三外国語でギリシア語をちょっぴり齧り始めたんですよ。プラトンとか、何となく。そういういい加減なことが重なって、三年になって本郷へ行って美学科に進学したら、たまたま芝居に興味を持ってるやつが結構いたわけね。それで「なんかやろうか」って話になって。はじめはね、ギリシア劇ということでもなかったのかなあ。でも、なんかやろうと。それは要するに公演やなんかじゃなくて、研究をね。最初にギリシア劇の研究をしようというのが、どういうことで出てきたのかは、かなりぼんやりしているんですねえ。だけど、学科に入って春、五月か、谷川岳に学科旅行でみんなで行って、竹内さんも来たな。それから、映画の講座をはじめてつくった――

毛利 佐々木能理男先生ですね。

中島 そう、あの先生も一緒で、映画の話をしたりなんかして。そのとき、みんなで芝居の話を始めたら、ちょうど車の中か、電車の中だったのかなあ、ギリシア劇でも研究したらどうかって佐々木さんが言ったんじゃないかかな。これ、確かじゃありません。だから最初にギリシア劇の研究をしようというのが、どういうことで出てきたのかは、かなりぼんやりしているんですねえ。なんとなく、研究するんだったら一番の原点に戻ろうよというのはあったと思うんですね。だからギリシア語をやってたりなんかというういろんなことが重なってギリシア劇を研究しようとなった。だからはじめは完全に研究が目的でした。要するに、最初にその話が出たのが谷川岳のときだったってことは記憶してますね。

毛利 そのときすぐにその話にのってきたというと、誰がいますか、

中島 その、研究会やろうやと言ったメンバーは細井、山谷、ぼくぐらいだったのかなあ。安倍や森村はまだ、そういう興味はなかったからね。やっぱりね、ぼくらの年代のひとつの傾向、ここはわかってもらえると思うけれども、野球やったりなんかしてても、みなかなり左翼がかりますよ。だからあの時代に結構毛沢東全集まで読んだくちなんで、哲学へ行くと言ったのも、そういうイデオロギー的なものが非常に強くてね、哲学やるんでも少し古典的なもの。それでギリシア語やってみたりした。本気じゃないけれども半分は、当時の雰囲気にも引っ張られたんだな。

毛利 それで、仲間というのは、細井さん、

倉本さん以外は——

中島　渋谷幹雄というのがいたんですよ。彼がね、ぼくと一緒に東映に入ってプロデューサーをやったんだけれども、若くして亡くなった（1996.10.6. 没）。それから——村木良彦、彼は駒場のときからずっと知ってました。あいつは駒場の合演（合同演劇勉強会）で芝居やってた。彼も早くに亡くなったね（2008.1.21. 没）。

毛利　村木さんは卒業後にＴＢＳに入って、あとでテレビマンユニオンを作った方ですね。他に美学科で一緒の安倍寿さん、森村稔さんなど、あとあと仲間になるのは、だいたいその頃に集まったんですね。

中島　そうですね。それでまあ「やろうや」ということになって。で、そのうちにみんな、血の気が多いもんだから「やるんだったらいっぺん公演しないか」みたいな話になってきたんだと思う。というのは当時ギリシア悲劇の研究しようっていっても、結局、新関良三さんの本『ギリシア・ローマの演劇』を頼りにやってたんだけれども、全然物足りないわけですよ。で、特に上演形式が面白いというのでね、「やってみよう」ということになって、とにかく何をやるか決めようというんで『オイディプス王』は早くから決まったんです。これはもう一番先に決まった。

毛利　その研究会というのはどのくらい頻繁にやってたんですか、研究の段階では。

中島　毎週集まる日にちは確か決めたはずです。みな集まったり集まらなかったりしてましたけどね。で、台本をね、テキストレジしなきゃならない。倉本はもうその頃ラジオドラマを書いてたんですよ。彼はラジオドラマで少し売れて、「劇団仲間」のね、そこの文芸部に入ったんです。

毛利　児童劇をやってる劇団ですね、もともとは。

中島　そうです、それで芝居も書いてたし、こっちもまあ、駒場の二年生の時に、みなにそそのかされて芝居書いてます、「内灘試射場の問題」とかなんかのね。

毛利　じゃ、そういう芝居っ気というか、書く方は最初からあったわけですね。

中島　倉本と二人でとにかく台本作ろうということになって、あいつが、長野の戸隠に非常に安くて今空いてる宿があるからそこでやろうと言うんで、二人でアルバイトして金貯めて一週間ぐらいの予定でいろんな構想を練るために行ったんですよ。そこでまずスタートしました、具体的な作業はね、倉本と二人で。

毛利　それはいつ頃ですか――

中島　三年の夏休み。二人は芝居を曲がりなりにも書いてたからね、それで、やろうと。ところがあいつ、途中でリタイアしちゃうわけです。いろんなことありましてね。それでとにかくぼくが一人で最後までやってたんだけど、もう形を整えるのが精いっぱいで、なかなかダイアローグにならない。特にコロスのところなんかどうしたらいいかわからない。それで、これじゃどうにもならないと自分でも思ったものだから、仏文科にいて後に俳優座へ入った加村赳雄、彼は劇研だったんですが、劇研には、ぼくもちょっと引っ張り出されて舞台で役者をやったことがあるんで、それで「加村来てくれ、手伝えよ」と言って、加村が手伝いだして、結局、最後は加村と二人で台本を作ったと思うんです。

毛利　加村さんもギリ研の中心でしたね。

中島　だからダイアローグを主に、喋れるダイアローグにしようということで、そっちを彼がやった。ぼくはコロスのことやなんかやって、それで出来上がったのが秋。その作業は、そんなに長くなかったと思うんですよ。

毛利　人文書院のギリシア悲劇全集が出るのは一九六〇年だし、あのころはまだ役に立つような日本語訳は出てなかったんでしょう。

中島　出てません。だから日本語はなんか、硬いものがあるだけで、このぐらいだったら、おれにも何とかなる、みたいなところがあった。

毛利　そうすると中島さんと加村さんが一緒に作った台本は、結局は英語かドイツ語から訳したということ。

中島　そうそう。それでね、竹内先生に相談したんですよ、そしたらはじめ「無謀だ！」って言われて「無茶するな」みたいな話になったんだけれども、それでもいろいろアドバイスしてくれて、高津春繁先生（言語学科教授）と呉茂一先生（大学院西洋古典学教授）を紹介してくれた。それで原典との照らし合わせやなんかを、お願いしろって言われて。

毛利　それじゃ、一応訳ができてから高津先生と呉先生に見ていただいたわけですか。

中島　ええ、五十何カ所、大きな間違いがあるとか言われて、今でも覚えている。

毛利　先生方、よく見てくれましたね。

中島　ちゃんと読んでくれたんですね。

毛利　すると台本は年内にできてたということですか。

中島　できてました。さあ、それから、とにかくコロスって奴が皆目見当つかなくなっちゃって。ただ、劇場構造やなんかは、外国の文献やなんかを少しずつ齧りながら調べていった。

毛利　そういう過程は、研究会でみんな毎週集まってやってたわけですね。

第一回公演『オイディプース王』に向けて

松川（現姓 細井）敦子　いま文書として残っているギリ研のいちばん古い史料は、昭和三十二（一九五七）年十一月付の、代表渋谷幹雄の名で書かれた手書きガリ版の「趣意書」なんですが、そこには、「夏休みを通じて若干の英語版・独語版・ギリシア語原本等を参照して、いちおう台本の原型を完成」したとあります。つまり、そのあたりまでに研究会の形はともかく整ったということでしょう。

森村　それでぼくが、年末の仕事納めの日（十二月二十八日）だったと思うけど、学生部の根本（松彦）課長のところに行って、学生部としてギリ研にオーソリティを与えてくださるようお願いした。五月祭などにクラブ活動として参加できる公認団体として承認してもらいたいということで、「学内団体設立届」を提出したんです。それで、翌年の一九五八年年明けに、公的に認められた組織になったわけ。

『オイディプース王』舞台

松川　その届出書そのものは残っていないのですが、年明け一月十日付の「研究会ニュース第二号」の「研究会費（月額百円）納入状況」には、全部で十一名の名が載っています。その中でこれまでの話に出て来ていない名前は、美学科の岡本弘正とお茶大の志田律子。二人は第一回公演から大道具とか制作の手伝いとかをしていましたね。

毛利　第一回は、資金援助を求めて、外部に寄付を頼みに回ったんでしょ。

森村　そうそう。寄付集めは渋谷が決めたんです。それでぼくが学生課の根本さんに頼みに行って、会を紹介する文書を書いていただいた。それに学生部長の斯波さんの公印をいただき、これを持ってあちこちに回る、そこから始めたんです。一面識もない先輩の人たちのところにも、名簿を頼りに訪ねてね。ぼくは、お金集めとか、パンフレットの作成とか、そういう制作の仕事を割と一生懸命にやった。実際に動き始めたのは三月中旬からだったかな。

毛利　その頃から、森村さんはそういう制作方面に長けていたんだ——（笑）

伊藤俊也　あのころは寄付集めというのもよくやったものだけど、クラブ活動の場合、お金を集めようと思ったら、ダンスパーティか、音楽演奏会を開いたんだよね。第二回公演のときは、五月初めに、構内の「第二食堂」でダンスパーティをした。まあ、七千円くらいの収益だったけど。第一回のときは、そういうことはぜんぜん考えなかった？

森村　考えなかったね。そういうことはやらないで、ギリシア悲劇の意義を説いて、趣意書をみせて寄付をお願いした。だいたい基本千円で、たくさんくれる方は五千円とか。劇作家の飯沢匡さんには、電話でお願いしたとき、コイン式の公衆電話でね、それで三十分くらい演劇論やってギリシア悲劇というものを語られるんですよ。それを公衆電話で拝聴してるわけ（笑）。

松川　当時は、連絡手段として、携帯電話やメイルなんてもちろんなくて、固定電話だって普及してはいなかったでしょう。直接会う以外は、もっぱら郵便、急ぐときは速達、電報でしたね。コピー機もなかったから、私たちの印刷物はすべて手書きの謄写版（ガリ版）刷だった。

伊藤　すべてが、オーソドックス、正攻法だったんだね。

毛利　入場料（会員券）が百円だったから、千円もらうというのは、かなりだよね。

伊藤　当時は、家庭教師のアルバイトが、一回二時間くらいで、ひと月（四回）で二千円から二千五百円が相場。

毛利　新劇の芝居は、だいたい三百円だった。でも、あの頃の芝居の入場税は百%、つまり半額は税金だったから、免税のギリ研の百円は、かなりいい収入だ。

松川　寄付は、決算報告によれば、五万七千円集まってます。それで公演準備を進めることができたのね。

伊藤　たいしたものだ。われわれ後輩からみると、やはり、人がしかるべきポジションに、というか、それが見事にできていた感じがするね。とくに、渋谷という——

森村　渋谷が実際的なリーダーシップ、劇場借りたり、そういうことには彼は素晴らしい組織力を発揮した。とにかく企画して、ぼくなどを手下に使ってね、しかもすみずみにまで目配りができてほんとに素晴らしかった。

中澤忠正　そういう人がいなきゃね。

森村　あと一つ、ぼくね、「研究会ニュース・トラゴーディア」ってのを毎月一回くらい発行してた。ガリ版で。B5くらいの。

松川　それは、とっても貴重な史料なんです。第一号は残ってないし、欠号もあるのが残念だけど。公演後の七月、第七号からは森村さんのご指導のもとに私が引き継ぎました。

森村　中島とか細井は、議論しているばっかりでね（笑）、渋谷が舞台裏の作戦を決めていた――それで、ぼく、ギリ研を思い返して大事だと思うのは、成功したと仮に言えるとすればね、成功の原因というか理由というのは、一つはみんなの情熱ね、みんな熱心にとり組んだこと。もう一つはね、社会人、演劇界、学界などの強力な支援があったことね。理解して応援してくれた。どこに行っても、意義をみとめて、それはいいことだ、頑張れよと激励してくださってね。大学自体も応援してくれた。紹介の文書作ってくれたりしたし、あの狷介を以て鳴る竹内先生ですらね（笑）、めったに書かない文章をパンフに、第一回第二回と二度も書いてくださった。雑文なんか書かないという先生がね、ギリ研のために書いた。

毛利　たしかにその通りだったんでしょうね。中島さんは「ぶどうの会」とかなり親しくて、卒業したら入れと言われたとか。

森村　天野さんて方がね、とても親切だった。

毛利　天野二郎さんですね。あの人とはわたしはあとで個人的にも親しくなりました。

森村　それから強調したいのは、学者ね、ほんとに研究者の方も熱心に支持してくださったね。東大の先生方だけじゃなくて、共立女子大の新関先生。細井と二人で行ったんだ。

松川　新関先生の研究室へは、第三回の上演前一九六〇年五月にも、数人（久保、加村、細井、毛利、高橋武雄、松川）で話を伺いに行ったことがあります。

伊藤　やっぱり、熱っぽい時代ではあったんですよ。どっちにしても、六〇年安保に向かう、あのきわどい季節だったのよね。ぼくは、竹内さんとデモについて語ったことがあったよ。意外と、あの気難しい竹内さんがね（笑）、ちょっとこちらに歩み寄る姿勢を示したという貴重な体験なんだけど。

【日比谷公園野外大音楽堂】

毛利　最初は、五月祭に東大構内でやるという計画だったんでしょ。それが日比谷でやることに変わったのは、いつ頃どうしてそうなったんですか。

細井　ぼくは制作担当の一人で、あちこち歩き回って使えそうな場所を探した。借りられそうな場所を見つけては検討するんだけど、いろんな理由でダメだった。どうしても学内には適当な場所がない、いや、そもそも法規的にダメだということで、九月に入って、誰かが日比谷の音楽堂はどうかと言い出し、見に行ったんだ。申し込むには時間的にまだ早過ぎたけど。その年十一月に書かれた研究会の最初の趣意書では、「五月祭を目標に」とあって、まだ場所には言及していない。それが翌年一九五八年四月二十日付の「趣意書」の「上演計画」になると、「日時は六月二日月曜夕刻、場所ははじめ学内に求めておりましたが、諸種の事情により、やむを得ず学外における最適の場所として日比谷公園大音楽堂を使うことにし、同時に公開することにもいたしました。」とある。

日比谷公園野外大音楽堂での稽古風景

久保　それも学生部がいろいろ動いてくれたからです、学生課長の根本さんの配慮とか。野音の話になったのは、暮れか年明けくらいだったのでしょう。私がギリ研と出会ったときにはそういう話でした。で、日比谷に見に行ったらがらんとしていて、こんなところでやるの？お客来るかな？って感じだったたし、デモとか抗議集会にも使われて荒れていた。

細井　フェンスなんかも壊れていたし、入口がどこにあるかもよくわからない。五月には大雨の中であそこで「米の核実験と自衛隊の核武装反対・小選挙区制反対」の中央集会があって文学部学友会からも参加したようだ。

毛利　だけど、あそこは、考えてみるとぴったりというか、あそこでなかったら上演できたかどうかというくらい重要なポイントだったでしょ。ほかでやっていたら、興味も半減していたのでは？

久保　できなかったかもしれないね。

毛利　大変は大変だったでしょうけど、あそこでよかった。ギリシア悲劇の上演には、東京で考えられるほとんど理想的なものだったのではありませんか。コンクリートの客席の前を、コロスのオルケストラとして使うために、そこの可動式の鉄製ベンチを階段座席の上の空間にまで自分たちで移動させた。それが大変でしたね。済んだら元に戻さないといけないし。

細井　あのベンチは重かったね。ギリ研が使ったのはＧＨＱの接収解除後一九五四年に改装された第二代野音で、その後は老朽化したので八二～八三年に全面改築して、今は第三代のようだ。

毛利　ぼくが演出した一九六六年頃にはもう、周りが明るくなっちゃって、夜も暗くならない。近くのビルの照明が明るすぎるんで、ビルの人に、申し訳ないけど公演中だけでも明かりを落としてもらえませんかと頼みに行った。もちろんだめだった（笑）。

【『オイディプース王』の稽古
――中島貞夫に聞く】

毛利　『オイディプス王』の稽古を始めるにも、演劇の舞台経験があるのは、加村以外にいたんですか、劇研か何かからも、人は来たんですか。

中島　そう、会員はいるけれども、役者としてできるのは、加村以外に村木ぐらいしかいないわけ。そこで村木は彼の知ってる役者で使えそうなのいないか、どっかで探そうと、いろんな女子大やなんかを回って、結局お茶大の北川恭子君に頼んだ。あと日比谷高校の先輩の、同じ野球部にいたことがある、早稲田に行ってた古山（桂治）さん、それに劇研の西井（一志）さんだとか。また、無謀にも俳優座に行って、衣裳やなんかお願いすることになるんだけれど。俳優座ではね、あの水戸黄門をやった――東野英治郎さんが好意的だった。「おまえ、無茶苦茶するなあ」とか言いながらね。で、現場では、コロスの部分はどうやっていいかまだ見当つかず、そのままの状態で、芝居の稽古に入っていったわけです。

毛利　わたしの記憶では、駒場の二年の半ばで専門学科への進学が決まるので、美学科の三年生の先輩が来て、ギリシア悲劇をやるんでギリシア悲劇研究会に入れって勧誘に来たのを覚えてます。だからその時期にはもう稽古が始まっていたということですかね、二月か三月だったと思いますが。

中島　始まってましたね。大学近くの湯島幼稚園を借りて、週一回ぐらいしかできなかったんですけれど。年明けて三月ぐらいからは、かなりやってましたね。全員集まることはなかなかなかったけれども。コロスはね、とにかく一カ月そこそこの練習です。その代わり全員参加してもらうという。

毛利　第一回公演は海のものとも山のものともわからないところで、どういう風にして進めたんですか。

中島　とにかくねえ、コロスの演舞のつけ方も、途中から独断専行ですよ。その頃、コロスの研究をしてたのはぼくしかいないし、実際だれもコロスなんか見たことないでしょ。

舞台前面左からオイディプス（加村赳雄）、イオカステ（北川恭子）、クレオン（村木良彦）

それに、お互いよく気心の知れたもの同士だったから、あれこれみんなで言いながら、湯島幼稚園でやりましたね。

毛利　そうすると、稽古のときに、中島さんが独断でやって、役者からいろいろ文句とか問題が出てきたりとか、ありませんでした？

中島　ありましたよ。問題続出です。ただ、やっぱりギリシア悲劇、特にオイディプスが持っているドラマツルギーのすごさがあるでしょ。例えば、いま起こっている悪疫だとか、さまざまな災禍はどこに原因があるか、その原因を探して、下手人を捜し出してくると、それが、オイディプス自身、その本人であったというね。そこへ至るものすごい一種のサスペンス劇の見事な展開があるわけですよ、登場人物を次から次に重ねていってね。ああいうドラマのつくり方のすごさ、これはいまでもこれに勝るサスペンス劇はないだろうと思うぐらい、本当にドラマの基本、一番の原点でしょう。しかも二千何百年も前に、こういうものが存在していたということ、そこから出発しなければ駄目だと。でもそれを半分素人の連中が集まってやるわけだからね。西井さんや加村が「発声訓練からやろう」と言い出して「じゃ、基礎からやろう」ということでやった。

毛利　そういう訓練は中島さんがやっていたわけですか。

中島　訓練は、西井さん辺りが中心になってやってました。ぼくも全部立ち会ってましたけれどもね。当時は、こっちより彼らの方が役者としてのキャリアもあるので。

毛利　あのときのコロスはどこで調達したたんでしたっけ、最終的には。

中島　コロスはね、結局ギリギリ、二カ月前ぐらいに決まったんじゃないかな。東大のね、柏葉会合唱団。そこのリーダーの白井君と話したら「歌の方は責任持てるけど、動けない」と言う。で、ちょうどねえ、これも日比谷のときのぼくの友人で慶応に行った奴がいて、彼が踊りのほうをちょっとやってたんです。こいつも不思議なキャリアの男でね、日比谷高校時代ボクシングやって、モスキート級の東京都の選手権をとったくらいの奴なんですが、そいつが慶応に行ってから突然変身しちゃって、今度は踊りを始めてね。

舞台稽古、コロス

毛利　踊りってダンスですね、日本舞踊じゃなくて。

中島　そうです。それで「少し手伝ってくれ」って言ったら「やる」と。要するに集団演舞だから、集団で動けばいいんだから。それで、それから彼とそっちのほうを始めた。それに、曲も作らないかんでしょう。それで芸大の作曲科の早川正昭さんに依頼した。とにかくそのころ、必死になってやったのは「コロスって一体何だ」っていうこと。でも、結局やっていくと、やっぱり問題は演技者ですね。

【北川恭子の舞台経験】

毛利　北川さんは『オイディプス王』の王妃イオカステをやったんでしたね。

北川恭子　わたしはギリシア悲劇なんてぜんぜん知らなかったんです。高校で、演劇部に入部したんですけれど、学芸大附属高校の一期生で、学校にはまだ、演劇部を指導する先生がいらっしゃらなかったんじゃないかな。それでそのときに、ぶどうの会の磯村千賀子さんという方が指導に来られて、最初のとき、何も手に持たずに、布と針を持った形を作って運針の演技をするという「無対象演技」をして見せてくださった。それがあんまり上手でびっくりしちゃって、素晴らしいと思った

舞台稽古オイディプス（左、加村赳雄）、イオカステ（右、北川恭子）

んです。それで、そのとき、磯村さんの指導で一本だけ芝居をしたんですが、そのまま立ち消えになり、受験勉強だけになって、なんとなく芝居をやってみたい気持がどこかで自分の中に残ってたんじゃないかと思うんです。大学に入って、上級生の福永能子（後の渋谷幹雄夫人 2008.10.16. 没）さんから、いきなり、「あなた芝居やってみない？」って言われて、何の芝居か全然わからない。そのときはそれで終わったんですけど、しばらくしてギリ研の方が二人お茶大にみえて、一人は渋谷さんだったんじゃないかな、芝居に出てみないかと言われて、何もわからないのに、高校のときの余韻でじゃあということで――

石井昭夫　大学の一年生だったんですか。

北川　一年生です。ですから、ギリ研は一九五七年の夏くらいから準備してらしたから、わたしのところにお話が来たのは、秋くらいじゃないかなと思うんですが、ギリシア劇のことを知っていたら躊躇してお断りしていたかもしれないんですけど（笑）、何も知らないから。子どものとき踊りの発表会に出たのとおんなじ気分で受けちゃったんです。そういうことで、わたしがイオカステをやることになりました。

毛利　イオカステはかなり大役ですが、どのくらい稽古をしたんですか。大学の授業が終わってからの放課後でしょ。

北川　ええ。今になって思うと、イオカステはオイディプスを含め五人も子供産んでますよね。それなのに、わたしは本番のとき二十歳で、老けようとかそういう感覚はまったく意識していなくて。大きな声ではっきりせりふを言いなさいと中島さんから言われて、それで、夜になると、祖母がそのとき七十四歳だったんですけど、祖母といっしょに稽古しました。家が本郷の東大まで歩いて五分くらいで、竜岡門を入るとすぐ左側に石かなんかのベンチがありましてね、祖母が座って、わたしはそこに立って大声でせりふを言うというのを、夜なんべんもやってました。

伊藤　じゃあお祖母さんのお陰か、舞台では、堂々としてたよ。

北川　ああそうですか（笑）。発表会みたいで、ひどかったと思う。何もわかんないままで。

毛利　大声を出せというほかに、中島さんからなにか指示はありましたか。

北川　とにかく下手だったんだと思うんです。それで自分の芝居がどんなだったかわからない。覚えているのは、一つは、無断で欠席して怒られたこと。もう一つは、王冠を作ってきなさいと言われて、母がボール紙の上に金紙張って作ってくれたんですが、舞台稽古の日に、太陽がさんさんと照ってたんです。それを私が舞台に立って被って、中島さんが下に立ってらしたんで、「中島さん、王冠が出来ました、いかがでしょう」と言ったんです。そしたら、うーんと言って、「ミス・キャラメルだな」って（笑）。それをすごく覚えてる。だから芝居も、すべてミス・キャラメルだったんじゃないかと（笑）。

伊藤　でも、大きな声ではっきりと言うことは、やっぱり芝居として一番肝心なことでしょう、野外劇だから。

北川　マイクはあったんでしょうけどね。

毛利　下に置いてあったから、マイクに近づいて行かないとダメだったでしょ。それで、具体的に、せりふの言い方で、こう言えとか、そういうことは――？

北川　もちろんあったんだと思うんですが、どだい何も理解していないから。せりふもた

オイディプス（加村赳雄）の叫び

くさんあっただろうに、どうやって覚えたのか――『オイディプス王』の芝居が大変なことだというのも理解できてないで。もう少し理解力があったら――

毛利　でもね、本番のとき、オイディプスをやった加村赳雄が最後に、「父を殺し母と結婚した」というのを、「母を殺し父と結婚した」といったのは、そのとき、わかりました？

北川　わかりました。そして加村さんはたしかにわたしをご覧になって、「しまった」と、ちっちゃな声でおっしゃったような気がするんです。

毛利　でも気がつかなかったと――加村自身は言ってた。

北川　そうですかね。わたしの方をちらっとご覧になったような気がするんです。

【挿入――中島貞夫の話】

最初はお面なしでしょ。その代わりにやったのが、実は、光だったのですね。だから、すべてが明らかになった瞬間に、ちょうど夕方から始めていって、計算して、ここですべてが分かった、うわっという瞬間に、一瞬、暗闇をつくって、それでスポットが当たった瞬間に目から血が出ている、とそういうようにしようと思った。ところが、実際にやったら、ばあっと光が当たるまでには、ぼくが考えているより異常に長くなっちゃったのです。照明さんの、スポットを入れるタイミングが遅れて。そうしたら、その闇の長さがね、非常にいいと褒められました。ああ、演出力というのはそういうもので、おれが失敗したと思ったものが認められた。

松川　でもイオカステはよかったですね。スラヴ語学の木村彰一先生が、高津先生と一緒に見にいらしてた。上演のあとあとまで、高津先生が、木村君はイオカステにすっかり惚れこんじゃったとおっしゃって（笑）、木村先生をからかっていらした。緊張感があって、あの舞台はよかったって、みんな言いますよ。

北川　あんなにわからないまま出ちゃったというのは恐ろしい（笑）。でも森村さん、当日はずいぶんお客さんが入ったんですよね。

森村　そうなんです。切符はちゃんとしたものを作って、それは全部はけて、それでもまだ、お客さんがズラーと行列で並んでたんですよ。それで、急いで切符をその場で作ったんです（笑）。渋谷の命令で。そしたら、裏に税務署のハンを押してもらわないと正式の切符にならないんだという。じゃ切符なしで、現金でもらおうと言ってね、百円札一枚ずつもらって（笑）、それで入れちゃった。たしか三千人とか、入ったんですよ。通路にまで、立見席でね。

中澤　それだけ見たいと思う人がいたというのは、すごいね。

森村　消防署が来てね、怒られたんですよ、階段席の通路に入れちゃいかんて。それで、私たち二、三人で場内整理。でもあとで写真を見ると、通路もぎっしり埋まってる。

松川　開演予定の午後六時になっても、入場できない人が場外にまだ数百人、それで止むを得ず予定時刻を遅らせて、六時四十分開演でした。

中澤　それだけの関心を呼ぶだけのことが

満員の客席

あったんですね、野外でやるっていうのは。室内の小さい劇場でやるのとは意味が違う。そのこと自体がすごいことだったんだね。

森村　いちばん効果が大きかったのは朝日新聞の「社告」でね。小さい記事だけど、上演の前日に載ってね。「何月何日『オイディプース王』、後援朝日新聞社」って出たんですよ。渋谷と安倍が新聞社に行って、五月末に後援取付けに成功したんだ、会員券百枚買上げと社告掲載（一九五八年六月一日朝刊）という形での後援。

毛利　やっぱりね、五〇年代というのは、ある意味で新劇の黄金時代だったんだと思う。戦後、自由になって、それで六〇年安保に向けて労働運動が高まっていて、左翼運動が盛んだった。新劇の方でも、どうもわれわれのやっていることはどこか違うんじゃないか、原点に戻ろう、と。で、原点にと言うとき、ギリシア悲劇というのは、みなが知ってはいたんだけど、実際に上演するなんてことは、だれも考えていなかったからね。だから、われわれのあとすぐに新劇でもやり始めるでしょう。

伊藤　そうだね。ギリ研の活動が終わったすぐあとに、能役者もまじえた冥の会がギリシア悲劇の上演を始める。

毛利　ぼくらは演劇界とつながりをもったっていう感じはあんまりなかった。加村みたいに新劇界に入っちゃうのもいたけどね、でもみんな、とにかく自分たちのがいちばんいい

と思ってたから。（笑）

森村　でも、文壇、劇壇の有名な人たちが、かなり見に来てるんだよ。ぼくが覚えてるのでは、大岡昇平がギリ研のことを書いていた、わたしの名前が出てるんで——（笑）

松川　大岡昇平は、「私は第三回からのファン」と『芸術新潮』（一九六三年七月号）に書いていますね。長岡輝子も『芸術新潮』（一九六二年七月号）に『ピロクテテス』の感想を書いていた。公演チラシには、毎回のように、有名人の短文をもらってたでしょう。ちょっとあげてみると、第二回公演のチラシには、岡倉士朗と田中千禾夫が『オイディプス』をみたことを書いているし、第四回の『アガメムノン』のチラシには、前回の公演をみたという秋田雨雀、有馬大五郎、千田是也、田中千禾夫、野上弥生子、三國連太郎が短文を寄せています。第五回公演のチラシには、三島由紀夫が書いてくれていて、第六回、九回の公演も見に来ていた。第六回のチラシには、中島健藏、福田恆存、三國連太郎が名前を出しています。正宗白鳥も何度か見に来ていたのは確かね。

毛利　そうか。ぼくも、『アンティゴネー』のパンフレットのために、中村光夫に原稿を頼みに鎌倉まで訪ねて行った覚えがあるけど、文壇、劇壇でも、かなりの人が関心を寄せていたんだ。

【加村赳雄のこと】

石井　あとで俳優座に入った加村さんは、早くに亡くなって（1986.2.6. 没）、話を聞けないのが残念だけど、ギリ研にとって大きな存在だったね。舞台では第一回から第七回まで連続して出演していて、研究会でも中心でね。「絶望とは？」って言いだす。絶望とは大き

加村赳雄

な壁の前にどうしようもなくへたり込んでる感じって答えると、「違う、絶望というのは、おれは何でもできる、それにもかかわらずおれは何でここにいるかということ、何でもできるけど絶望する」なんてことを言う。悲劇の誕生みたいな(笑)。
伊藤　まあ、早く死んじゃったから余計そう思うんだけど、やっぱり私にとってのギリ研というと、加村の存在がねえ、大きい。
中澤　いやぼくもそういう感じですよ。
伊藤　やっぱりね。おれも加村に一回だけだったけれど、映画に出てもらったことがある。それはよかったと思ってる。
毛利　それはどの映画？
伊藤　『さそり』第一作(一九七二年)だよ。出しにくいんだけどね、あの映画に加村赳雄ってのはさ。彼は、その一、二年前には、中島貞夫さんの『日本暗殺秘録』とか、二本くらい出てるんだよ、そのときは古山さんも出てたと思う。前年の七一年に、加村は原田芳雄とかといっしょに、俳優座を脱退してた。で、おれも自分の最初は、なんとか加村には出てもらおうと思ってたんだけど、なかなかキャスティングが難しくてさ。で、一つね、看守でありながら、監獄と表の悪の世界をつなぐ男というのを作ってね、それに出てもらった。これはどうしても加村赳雄でないと、と思って。
毛利　彼は俳優座やめてからは、俳優としてはほとんど何もしなかった。だから、それが唯一だね。

伊藤　ほとんど唯一だよ。そのあとは、麴町で業界誌編集の仕事やってたからね。だから俳優座を出た後は、演劇関係でも、小さな演出がせいぜい。役者としてはほとんど出てない。

毛利　でも加村赳雄はね、役者じゃなくて演出志望だったんだよ。俳優座でも、小さい役はいくつかやったけど、どっちかというと演出志望というか、文芸志望だった。それが、中村敦夫たち、大勢が退団したとき、彼も出ちゃったんだ。あれはね、惜しい。千田是也の後を継ぐのは加村しかいなかったんだよ。

ギリ研第二世代のかかわり

伊藤　われわれギリ研第二世代は、まあどういうこともないんですよ。やっぱり最初構想をした人たちが大変で——われわれは、それを見て、いっしょにやりたいと思って参加したに過ぎないからね。

毛利　そう。でもね、ギリ研の上演が十一年つづいたのはね、第一回公演がよかったことが、もちろん第一にあるけど、それで二回目をやって、その第二回もうまく行ったからということもあるんじゃないか。第二回はわれわれが主に担ってたんだけど、第二回がぽしゃってたら、あと続かなかったでしょ。一回目は、それはそれは大変だっただろうけどね。それで、第二世代のみなさんは、何がきっかけでギリ研に入ったの?

石井　そもそもぼくは、演劇じゃなくてギリシアという国に興味があった。寮で同室の森村さんに誘ってもらったのか。進学時の健康診断のときに勧誘のビラをもらったという記憶もある。入会といってもどこに行っていいか全然わからなかったから、伊藤君に聞いたんじゃないかな、同級だったから。で、ぼくは、ただギリシアに興味があって、本郷に進学して三年になったとき、つまり『オイディプス王』上演の直前くらいに入ったんですよ。

伊藤　おれもギリシア神話は、割と詳しかったけどね、悲劇とはまったく縁がなかった。それで、ともかく、福井から出て大学にきて、映画を見る機会は膨大に広がったわけだ。ほんとに宝の山に接している感じだったから、映画はいろんな機会に見つづけていた。で、一年間見てまわっていて、良き鑑賞者たるよりも悪しき実作者たれという思いで、映画をやろうと。友人には、仏文志向の連中がわりといたんですよ。だけど仏文なんか行ってたんじゃ、映画の道からは遠ざかる。でまあ、よくわからないが、美学がいいかと。それでね、映画研究会というのがあったけど、おれはプロになるのだから、あんなものとは全く関係ない、関係をもちたくないという思考がまっさきにあった（笑）。そこへ、もう上演を予定していたんだと思うが、ギリ研が、メンバーを集めるために、駒場の学生たちに呼びかけに来た。それでほとんどおれは飛びついたんだ。三年になる直前の一月から三月までのどこかだと思う。そのときに、稽古はもうやってたのじゃないかな。

松川　「研究会ニュース第四号（1958.3.17付）」によれば、稽古の「本読み」は三月十二日に開始してますね。

伊藤　それで、勧誘されて、入ったら、もうすぐ動きまわって、それじゃ、中島さんの助手をやれということで、お茶大から来てた山本美恵子さんと一緒に舞台監督になった。

松川　一つ前のニュース第三号（2.24付）では、中島さんが「舞台監督がまだ本決まりしていない。心当たりがあれば知らせて」と書いているから、そのあとね。稽古の日程としては「三～四月は週三回、五月は週四回、合演部室で、午後二時から」ともある。また、同じ号に伊藤さんが、美学科の新入会員として載っているから、入ったのはその頃二月下旬で、駒場の合演の部室に行って、入会後すぐに舞台監督を仰せつかったんじゃない？

伊藤　そう。稽古はもちろん始まってた。それで声がかかって。本格的にやりだしたのは、やはり三月くらいからだと思う。

松川　私もやっぱり、ギリ研を知ったのは駒場から本郷に進学するとき。構内の、今はバスの発着場のある「第二食堂」の前で進学時の健康診断の順番を待っていたら、そこへギリ研の人が、新入会員募集のビラを配りにきたんですよ。あとでそれは細井だったと分かったんだけど。私はギリシア語をやろうと思って言語学科に行くつもりでいましたから。

毛利　じゃあ、ギリシア悲劇にも興味があったんですか。

松川　というより言葉そのものに興味があった。中学がカトリックの女子校で、信者でなくても、ミサはラテン語で唱えるという時代でしたから、ラテン語よりもうちょっと古そうなギリシア語ってどんなものだろうって。

毛利　じゃあ、芝居というか、演劇には？

松川　都立西高時代（加村さんも西高で、私は一学年下でしたが、高校時代にはお互いにまったく知らなかった）、「部活」は英語部にいて、学園祭では英語劇が慣例だった。二年生の時はシェイクスピアの『ジュリアス・シーザー』の上演を提案して、長すぎるので私がテキレジをしたりとか、ほんとうに恐いもの知らずでしたね。

毛利　そうですか。それでギリ研では、最初から衣裳担当だったんですか？

松川　研究会に入ったのは、当時のわたしの日記を見ると一九五八年四月十六日。本郷に進学してすぐですね。研究会では「上演の事務的な問題の相談のあと、現代演劇におけるギリシア悲劇の位置というテーマがきっかけで面白い意見が出た」とある。入るとすぐ、伊藤さんと同じ頃入っていた美学科の斎藤恒子さんといっしょに上演の下働きになって、楽しかった。制作の森村さんや安倍さんの手伝いで入場券作成の印刷所へ行ったり、招待状の発送をしたり、衣裳も、福永さんの指図通りに家で縫って稽古場に届けるとか、何でも面白くて。

毛利　そうすると、石井と同じ頃で、伊藤より少しあとね。

松川　そう。伊藤さんはすでに舞台監督で、伊藤会も四月後半からはもう上演態勢一色。伊藤さんの指示で、俳優の着付けをしたり、舞台稽古の日にエキストラが来ないので、代わりに王妃の侍女役で舞台正面奥の王宮出入口に立ちんぼしたりしたこともあった（笑）。石井さんは公演では小道具担当、これも日記にあります。

森村　でもちょっと戻るけど、久保さんがいらっしゃったのは一九五八年三月だからね。その以前に八カ月か九カ月あるから、その間、研究会やってましたよ。渋谷のうちとか、中島の下宿とかでね。六畳間でやってましたね。「研究会ニュース」三号四号にも書いてある、毎回コーヒー代三十円とか、中島の千葉の自宅の部屋を一泊百円で貸し出すとか。（笑）

毛利　その研究会は、上演のための準備じゃなくて？

森村　もっと勉強会に近かった。台本を作るための読みあわせとか、あるいは、ギリシア悲劇をどう考えるかとかね。そういう議論をしてたのを覚えてる。だから、実践にうつる前の、なんていうか、作戦ということ、まあ、いろいろ基本的な勉強ですね。中島とか細井なんかを中心に。三月後半くらいからは、もう実践にうつりましたね。入場券やチラシやポスターを作るとか、俳優とか、衣裳とか。ぼくは後方支援なんですよ（笑）。だから、糧秣整えたり、資金を集めたり。

毛利　久保さんが加わってからは、そういう研究会はなかったんですか。

森村　はっきりは言えないけど、なかったと思う、少なくとも公演が終わるまでは。

伊藤　そう、四月五月になると、もう実際の活動で忙しくて、研究会どころじゃなかった。

石井　ぼくは小道具係で、ギリシア人が履いていたであろうサンダルみたいなものを探してこいって（笑）。浅草三筋町辺りの問屋街に、東福とか藤掛とか、舞台関係のいろんな材料や小物の問屋が並んでいると聞いて、そのあたりを探しに探して、買ってきた。一足だか二足だか、あるいは、もう少し買ったかな。オイディプスだとかクレオンだとか、あるいはテイレシアスとかの。それから、役者が壺をもって出てくる場面があるがその壺はたぶん緑である、緑のこういう壺をもって来い、と。だれに言われたんだか覚えてないけど、困っちゃってね、下宿のおばさんに花瓶を貸してもらって、緑の色紙を糊で貼り付けた、それは忘れない。（笑）

森村　それは豊島寮でやった。石井君と二人で緑の壺、と日記に書いてある。（笑）

石井　あとは雑用の手伝い。あっちの事務所に切符を届ける、とかそういうのをやってた。

毛利　それは、だれの下でやってたの？

石井　ええと、第一回は渋谷さん、安倍さんですね。森村さんにもいろいろ言われた。パンフやチラシの作成で「あらすじ」を書くとか。演出の要求とか制作の命令とかというよりも、あいつ空いてそうだから使おうと（笑）、そういう感じだった。

松川　みんな、何でも、やりたいとかやりたくないとかいうより、ともかく一生懸命にやるのが面白かった。仕事を選り好みするなんて気はぜんぜんなかった。

石井　毛利君は、いつギリ研に入ったの？

毛利　『オイディプス』が終わってから。駒場に勧誘に来たときはね、ぼくは、ギリシアのギの字も興味なかったし、何せ、美学に行こうと思ったのは、あの頃、ドストエフスキーをやるつもりでいたのに、露文科がなかったから、それをやれるのは、美学しかなかった。だから、ギリシア悲劇なんて思いもしなかった。ところが、同郷というので伊藤と知り合ったから、君が『オイディプス王』をやってるというので、まあ、やってるなら見に行こうと思って、それが始まりだった。そのときに、切符を買ってなくて行ったら、野外音楽堂の周りを当日客が長蛇の列で、これじゃとても入れないと思って、裏口に回って、すみません、伊藤俊也に会いたいんですけどって言ったら、どこかその辺にいるからって、中に入れてくれた。それでそのまま客席に行ったんです（笑）。

松川　毛利さんは、『オイディプス』の年（一九五八年）の七月の住所録には載ってなくて、その年の十二月のには載っているから、その間に入会したのね。秋くらいかしら。中澤さんは、そのすこしあと。

伊藤　それで『オイディプス』が成功裏に終わって――本郷三丁目の「西むら」でやった慰労会の席上、久保さんは「今夜のような感激はもう二度とないだろう」と言われた。

【『オイディプース王』公演のあとに】

伊藤　駒場のキャンパスの裏にあった吉岡力東大教授の私邸にある歴史教育研究所で研究会をやり始めたのはいつごろだった？

石井　『オイディプス』が済んだあと、その合評座談会をあそこで開いた、それからですね。

歴史教育研究所にて、研究会スナップ

久保　あの座談会は、『オイディプス王』の公演が終わったあとすぐ、六月四日に、吉岡先生、呉先生、高津先生のほか、協力してくださった方々に集まって頂き、ギリ研の主要メンバーとともに「オイディプース王の上演をめぐって」という題でやったのです。場所は、駒場裏の吉岡先生の歴史教育研究所でした。これがきっかけで、六月半ばから、あそこを研究会に使わせてもらえることになったんです。

松川　あの座談会は久保さんが司会をなさったのですよね。その後の研究会は四つの分科会にわかれて、第一分科会は、毎週月曜の七時～十時に、「アンティゴネー」を読むというものでしたが、そのリーダー役も久保さんがしてくださった。そこでは、加村、中島、細井、伊藤、石井、それにわたしなどが常連で、初回の六月十六日は吉岡先生の研究所、次の週（二十三日）は久保さんのお宅で、そのときは京大西洋古典出身の久保夫人も参加なさったと、わたしの日記に書いてあります。この分科会は七月二十一日まで毎週やって夏休みに入り、九月二十九日に再開してますね。さっき石井さんが言った、「現代の絶望とはなにか」の話はこの日のことで、久保・加村・細井、三つ巴の大論争になり、時間論・宇宙論にまで発展したと日記にありますが、論争の内容は書いてない（笑）。駒場の古典学研究室では第三分科会（コロス論）をやっていて、「久保さんにお願いしてピンダロスを読んでいる」と中島さんが「研究会ニュース第七号」に書いていますね、加村さんと安倍さんも入って、四人で。

細井　ギリ研は当初から、会議でも研究会でも、本郷のルオーやボンナ、新宿の風月堂などの喫茶店ばかりでなく、会員の下宿や自宅も、使えるところはどこでも使ったからね。

松川　どの分科会も出入り自由。石井さんは第二分科会の責任者だったでしょ、当然第四にも参加した。「ニュース七号」には、中島、村木、安倍、北川さんたちの名もある。だから四年生も、公演の後しばらくは勉強会に出ていたのね。第四は、新代表者の伊藤さんが「会を新たに盛り立てて行くべきメンバーとしてその自覚と抱負とをここに集結し……」なんて書いてますよ。久保さんは「アンティゴネー」と「コロス研究」に参加して、研究面のリーダーでした。ただ、分科会の活動はどれも年末頃までで、一九五九年一月末の「ニュース十号」によると、発展的統合というのか、「アンティゴネー」分科会に全員参加となって、「古代悲劇の復元の意味」を基本課題におきながら、作品の主人公、戯曲構成、悲劇性などいくつかの問題をたてて、「共通の台本をもとに、四月末までに約十七回の研究会を開いて問題にとりくむ」ことになったと書かれてある。台本作成の過程では、各自が冒頭部分の和訳を作って、俳優座の川口敦子さんに研究会に来てもらって、舞台のせりふとしてどれが良さそうか、聴いてもらったこともあった。最終的な形は、久保さんが作られた。

石井　それから、公演後の、もうひとつの仕事としては、会誌『ギリシヤ悲劇研究』の創刊ということがあったでしょ。

松川　そう。『ギリシヤ悲劇研究』の第一号は、千部作ったんですね。これは研究会発足当初からの計画だったらしくて、「研究会ニュース四号」に代表者の渋谷さんが出している「予算案」からもそれがわかる。それで雑誌は、世話になった方々への献呈分が二百〜三百部で、あとは、書店に頼んで委託販売したのもあったけれど、大方は会員個人が分担して一部百円で売って、二〜三年で売切れになってますね。

毛利　すごいもんだねえ。

石井　創刊号の編集は三年生中心ということで、四年生にも助けてもらいながら、伊藤君と松川さんとぼくが担当した。三人が交代で印刷所に行って出張校正とかもしたし、活字の8ポ、6ポなんていうのもそこで教わった。広告取りもしたよね。久保さんの巻頭論文にはじまって、中島・細井両先輩の論文、呉・高津両先生の特別寄稿、それに台本と座談会などを載せて、東大新聞（一九五九年一月一日付）などでもとりあげられたね。

毛利　そういえば、吉岡先生が『オイディプス』公演を八ミリで撮ってくださったよね。

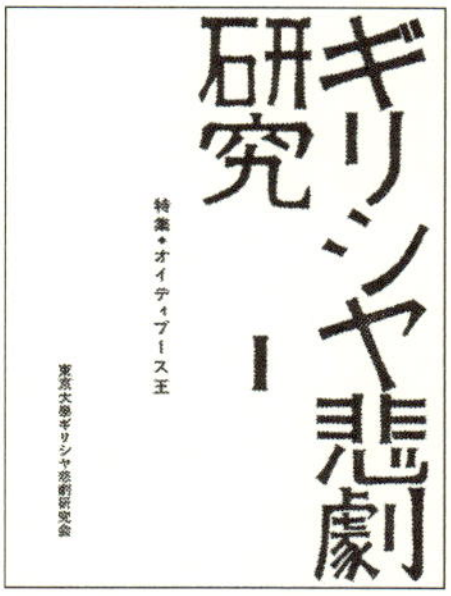

会誌『ギリシヤ悲劇研究』第1号

ぼくは、次の年の五月祭で、宣伝にそれを使って説明したからよく覚えている。オイディプスの話をするのに、何をどう話せばいいかわからなかったので、あれを映しながら話をしたんだけど、あの八ミリは残ってないでしょうね。吉岡先生が撮られたのは、あれだけじゃないかな。

久保　吉岡先生は写真好きで、何でも写真におさめておられたね。まるで写真のために公演に来ているみたいだった（笑）。

【久保さんとギリシア悲劇】

毛利　それでお聞きしたいんですが、久保さんは、本格的にギリ研とかかわるようになられたのは『オイディプス』のあとからと言われますが、そもそも久保さんがギリシア悲劇に興味をお持ちなったのはいつからですか。ハーバード時代からですか。

久保　それはそうですが、それはギリシア語の学習としてであって、ギリ研がやろうとしていることとは異なる関心だった。

毛利　そうすると、何がきっかけでギリシア悲劇に特別の興味を持たれるようになったのですか。

久保　中学生のころかな、ニーチェですね。わけのわからんこと、ニーチェもそうだしデカルトもそうだけど、いろんな名前を知ったり、いろんなことを考えたりというとんでもない脱線を仕込んでくれたのは、中学一年の時にきてくれた家庭教師の人だった。戦争が終わるちょっと前のことですけど。

毛利　ギリシア悲劇では、上演ということにも、特別な関心はおありだったんですか。

久保　ぼくはギリシア悲劇を実際に上演するなんてことは、途方もない難事だと思ってました。実は今でもそう思ってるんだけど、それでもやろうというんであれば、やる方法は沢山あるはずだと考えていた。このせりふの意味は何だというようなことを考えなくてならない、どんな風に喋り、どういう風に舞台で演じるのか、そういうことが問題になるのは必然だと思っていた。それにコロスなどというしょうのないものがありますよね。あれをどうするんだと。コロスは初めから終わりまでどういうものか、どんな役割をするのかわからず、どうすればいいかわからないままやっていた。今やってもそうでしょうけど、非常に難しかった。そ

コロス（『アンティゴネー』）

ういうことがギリ研と触れ合ってからの私の課題だった。オイディプスにしろ、アンティゴネーにしろ、だれがどんな顔をしてせりふをしゃべり、舞台の上での言葉になって聞こえてくるのか、よくわかりませんでしたねえ。俳優座の人にも聞きに行ったことがありました。

毛利　松本克平さんでしょう。だいぶ年の人ですね。

久保　そう。あの人も若いころ一度ギリシア悲劇をやったことがあって、あんなものはやっちゃいけないって言われた。なぜかというと、あんな長いせりふを大きな声でしゃべれば声が出なくなって役者を続けられなくなるんだって。役者としてこれがおしまいっていう覚悟がなくてはできないって言われた。室内劇として言ってるんですよ彼は。ほかにもいろんな人にギリシア悲劇のせりふってどん

な言葉がいいんでしょうかってたずねてみた。

毛利　そういうときは一人でいらっしゃったんですか。

久保　そう一人で行った。伊藤整のところにも行った。あの人は親友の親父さんだったから。ギリシア悲劇のせりふについてどうあるべきかと聞くと、みなさん自分が思い描いた言葉の世界にギリシア悲劇を移しこむんだけれども、われわれが実際に上演しようとするとき、具体的にどうすればよいのか。いろいろな方に同じ質問をしてみた。松本さん、呉先生、高津先生、田中千禾夫さんなど、みなに同じことを聞くんだけれど、大体同じようなことをおっしゃった。「未来の口語文」だというんです。散文としてこれが正しいという完成されたものでなければならないのに、口語文というのはまだ日本では成立していないとおっしゃる。ギリシア悲劇というものが日本語に対して担うべき役割があるとすれば、未来の口語につながるものになってほしい、そうあったらいいと、みなさん同じようなことをおっしゃった。でも、口語とは何かというと中々定義しにくい。定義自体まだできていないのかもしれない。そういうことを言われて、さて、どういう言葉を、どういう顔つきで舞台でせりふをしゃべればいいのか。そういう悩みを抱えながらぶつかってしまった致命的な問題が、ギリシア悲劇の言葉は「仮面」をつけた人間がしゃべる言葉だった、ということでした。

松川　木下順二さんのところにもいらっしゃったとか。

久保　木下先生は次の段階ですね。先生はシェイスクピア学者でもあったけど、ダメな翻訳ばかり作ったからいっぺんも上演されたことがないなんて言っておられましたね。私がいろんな先生に言われたことや自分で考えたことなどをお話しし、マスクをつけた人間が演じるということについての木下先生のお考えを聞かせてほしいとお願いした。そしたら「いいところに気が付いた」とおっしゃって、直接その問題についてあれこれおっしゃったわけではないけれど、能面に関する本や文献を沢山お持ちで、これを読め、あれを読めといっぱい出してくださった。農学部の近くに喫茶店があって、そこが木下先生のセミナーハウスだった。

細井　「ぶどうの会」でしょう。

久保　「ぶどうの会」、そうだそうだ。そこでね、仮面の本を次から次に貸して下さって読まされた。それを読み始めたのが私にとって命取りでしたね。難しい話などをいっぱい読んで能面の歴史や諸々の知識を得たことが、ギリシア悲劇の訳本をつくるためにどう役に立つのか、仮面を使うのにどんな役に立つのか全然わからなかった。いろいろ調べてみたけれど、ギリシア悲劇の仮面の現物は全く残っていないし、どんなふうに使ったかなんて誰も知らない。資料もない。シチリア島の北のほうに、何とかという小さな島がありまして、その小さい島の一つに美術館があって、そこに古代のお面のミニアチュアがあるというので行ったことがあります。何十年も前のことです。そこには、女の面、男役の面、い

仮面制作、高橋米吉（『プロメテウス』イーオーの仮面）

ろいろあって、種類がこんなにあったのだということは分かります。でも、それをつけた役者がどういうふうに演技をするのかなんていうことは、とても分からない。例えば、ここから下、あごの部分が動くお面があったのかどうか、あったらずいぶん違ってきたと思いますが、それは分かりませんでした。お面をつけて大きな声で叫ぶという場合には、お面の機能というのはそれに合ったものでなければね。例えば、口は全部開いているとかいうのでないと、大きな声を出したら、自分の耳ががんがんしてしまいますしね。衣裳なんていうのでも、普通に着ている衣裳では衣裳には見えなくて、下着を着て暴れているみたいに見えるのですね。だから、お面をつけたときの衣裳、ものの言い方、何よりも沈黙の間をどのように、分かる言葉で伝えるか、というのが大きなファクターになっていくのではないか、そんな気が、いまはしていますね。能面にしたって、ギリシア悲劇を能面でやるわけにもいかないが、やったらおもしろいって今は思えますすよ。能面でやってみたら、日本語がどういう風に聞こえてくるかとか。ぼく、本当になんにもやることが無くなったら、碁を打つ代わりにそんなことをやってみるのもいいかなんて思いますね。

第二回公演『アンティゴネー』とともに

毛利　第二回公演は同じソポクレスの『アンティゴネー』と決まって、細井さんが演出したんですね。細井さんも演劇青年でいらっしゃったけど、演劇上演の現場の経験はほとんどなかったんでしょう。

細井　ぼくは古山と親しくしていたから、ある程度の知識はあった。お芝居は、決まったせりふを適切にしゃべれば意味が通じ、それだけでよいという風に考えていて、それがぼくの演出方針だった。しかも、われわれが使う舞台ではしゃべる場所が決まっていたから、特に身振り手振りを入れる余地はないと考えていた。

毛利　スタンドマイクを立てるからですね。

細井　そうそう。だから、いかに明晰な言葉を役者が語るか、結局それだけのことだと。それを西井が支えてくれた。第六回の『トロイアの女』の場合には、大方斐紗子のコロスの長、これが決まってスタイルが固まった。

『アンティゴネー』舞台

毛利　『アンティゴネー』の場合は、新人会の成田光子というプロの女優さんを使いましたね。

細井　学生で適当な人がいないかずいぶん探したんだが、結局、これは重大な役であり、素人では無理だろうと思い直し、西井と相談して、ここはプロの俳優を起用することにした。成田さんは加村を介して紹介された。

アンティゴネー（成田光子）

『アンティゴネー』稽古風景（左から細井雄介、成田光子、加村赳雄）

毛利　プロが相手では、学生の演出の言うことを聞いてくれないなんてことはありませんでしたか。

細井　そんなことはなかった。

松川　成田さんから聞いたんだけど、「左に行くんですか右に行くんですか」とたずねると、「ヘーゲルは――」と始まるって調子だったと。（爆笑）

【制作の苦労】

伊藤　『オイディプス王』の公演が終わって、慰労会の席上、それで次には、というときに、渋谷さんから、次はおまえがチーフでやれという話になって、渋谷、中島、細井諸兄から指名されて、はいと言うことになったんだけれども、その段階で、もう次は『アンティゴネー』だということはあったと思うんだよ。

毛利　『アンティゴネー』の制作は、伊藤がチーフになって、石井とかぼくとか川池（一男）さんとが、その下で働いたんだけど――

石井　川池さんは一年先輩でしょ。日本テレビの取締役になったけど、先年亡くなった（2014.10.13. 没）。

毛利　彼は先輩だけど、ギリ研には、中澤やぼくと同じころに入ったんだよ。会計係だったけど、名会計だったね。か（わ）いけ（い）

だなんて言って（笑）。それで、中澤は何をしてたかあんまり記憶がないんだけど、君の下宿に行ってみんなで雑魚寝したとかというのは覚えてるんだが（笑）。

中澤　ぼくは何か重要な役割をするっていうのは、まったくなかったんですよ。舞台に立つ人間じゃないし、かといって、陰で働く具体的な蓄積があるかというと、まったくないからね。だから、パンフみると『アンティゴネー』の舞台監督って書いてあるけれども、何とも名づけようのないような、要するに、参加して、できることがあったら何でもやらせてくださいということだった。何でもやるというのはつまり、一言でいうと、舞台監督（笑）。

毛利　ギリ研にはなんで入ってきたわけ？

中澤　今思い出してみると、ギリシア悲劇というのは、文字の上だけで意味があると、自分では思ってた。ところがそれを実際に舞台に乗せるというので、ええっ！という感じで、むしろそれはやっちゃいけないことだ、というと大げさだけど、今東京で現実に生きてる人をお客にして舞台の上でやるなんていうのはね。そういう疑問が非常に大きかった。でもそれをあえてやろうと思ってる仲間たち、先輩たちが大勢いるという。それでその一角に加わらせてもらった、そういう感じなんです。だから、実際にぼくは演劇的な人間じゃないものだから、することは特にないんですよ。ないけれど、なんとなく加わりたかった。そういうことですね。

毛利　舞台監督で、制作じゃなかったんだ。

中澤　制作じゃないから、何でもお手伝いする。人があまりいないから、手伝いの代表、別の言葉で舞台監督ということ。

毛利　おれたちの一年下でギリ研に入った連

中の中では、美学科では君以外にいなかったんじゃない?

中澤　いなかったね。周りはみな、一年か二年だけど、先輩ばかりだった。

毛利　おれは、石井と川池さんと三人で、伊藤にこき使われてた(笑)。人使いが荒いんだ伊藤は(大笑)。本郷の高台にある下宿でさ、命令するだけで、自分はぜんぜん動かない。おれはめちゃくちゃに働いたよ。チラシのことで森村さんに相談に行ったら、ダメって、一回全部やり直しさせられたり。切符売りも大変だった。がむしゃらに売った。切符売るために大学に行ってたようなものだった。そういえば、中村光夫にパンフの原稿をもらいに鎌倉まで行ったとき、原稿料は出ないんですがって言ったら、それはいらない、チケットを何枚かもらえればいいと言われたけど、第一回の『オイディプス』のとき、当日券のために並んで閉口したらしいね。

中澤　でも雑用その他、いろんなことをやったためにね、ずっと後になってから、非常に役に立ったことがあるんですよ。卒業してTBSに入ってから、外国に行って何か報道番組を作るという企画でね、そのときぼくはチーフだったから、「一番最初は、オリンピックと同じでギリシアですなあ」と言ったら、じゃあ第一回はおまえ行ってこいということになって、スタッフ連れてギリシアに行ったわけ。一か月くらいギリシアに滞在して、何本か作ったんだけど、そのうちの一本で、ちょっと昔の円形劇場を紹介するっていう。だけど、これが昔の円形劇場ですって見せただけじゃ、何の面白味もない。で、国立劇場に行ってね、こういうわけで日本のテレビでやりたい、金がないけど女優さんを一人貸していただけないか、その女優さんに衣裳をつけて舞台で、『アンティゴネー』のこれこれのせりふがあるでしょ、あの場面をやっていただければ素晴らしい、それを撮りたいんですって言ったら、向こうがびっくりしてね。なにせ、『アンティゴネー』のせりふまで言うものだから、「よし、そこまでおっしゃるんだったらやりましょう」。それで、ただで女優一人貸してくれた。女優さんが一人ちゃんと来てくれて、衣裳を着けて、あの舞台に立ってね。

松川　どの劇場？

中澤　アテネのアクロポリスのすぐ下の——そこでやってもらって、それを撮った。そしたら、その女優さんがね、別の場面のこうこういうせりふのところもやっていいかしらって言う。ああ、いいですよと言ったら、本人が喜んじゃってね、ほんとにやってくれたの。それをただで撮影できたもんだから、こっちも喜んで、いいことができたなと——

松川　昔のギリシア語でやったの？

中澤　昔の言葉のままか、現代のギリシア語に直したものか、それはよくわからない。でも実現できたのは、ギリ研にいたために多少なりとも知識があったからだね。ギリ研にいた経験がなければ、あんなことまでできなかった。

伊藤　『アンティゴネー』について言うとね、コロスは第一回目で苦労して、それで今度はどうするということで、結局、郁文館の高校生に頼んだ。ちょうど私の下宿が小石川植物園のこちら側、本郷側が原町ってところで、その原町からすぐ下りたところに郁文館があった。歌のほうは東大CMA合唱団がテープに録音したもの。振付は松山バレエ団の石田種生さんだけど、石田さんに、その子たちを指導してもらった。

中澤　非常に面白がってくれたというか、熱心にやってくれた。

毛利　石田さんには、そのあとも、かなり続けて振付を頼んでるね。ぼくが演出した一九六六年にも振付をやってもらった。

伊藤　石田さんも少し前に亡くなられたね（2012.4.30. 没）。

【北川恭子の演技】

毛利　北川さんは、第一回につづいて次の『アンティゴネー』にも出られたでしょ。アンティゴネーの妹のイスメネーの役ですね。

北川　そうです。それでね、わたし『アンティゴネー』のことでは、演出の細井さんに謝らなくちゃならないことがあるんです。アンティゴネーの成田光子さんが、しっかりしてらして、プロの女優さんだから、稽古のときから、上手だなあと思ってみてたんですけども、わたし自身が本番の舞台で、とんでもないことをしたんですよ。アンティゴネーとクレオンが、すごく緊迫したせりふをしゃべるところで、そのとき、それを聞いてるイスメネーは、アンティゴネーについているべきか、それとも、二人の間で、自分が分からなくなってふらふらしてるべきかどうかという話し合いを、稽古のときにしたんですね。それで、イスメネーはずっとアンティゴネーのそばにいなさい、ということになった。それがどういうわけか、本番でわたしは、二人の間の真ん中で、ぱらぱらと後ろに下がっちゃったんです。なんでそういうことをしたか、自分でもわからない――

毛利　それで――

北川　はい、あとで細井さんは、「やっちゃん、いたずらしたね」って。それ以上は叱られなかったんだけど、これは申し訳ないことをしたと、それを何十年もかかえてました（笑）。

伊藤　それはむしろ、細井演出を超えて、絶妙の立ち位置だったかもしれない（笑）。

北川　ありがとうございます（笑）。

石井　脚本読んでると、そういうイメージがありますね。

伊藤　あんまりべったりついてちゃ、だめなんだ――

北川　でもね、イスメネーについては――アンティゴネーは洞穴の中で死んだとなっているけど、イスメネーがどうなったかは、書いてありませんでしょう。結局、生き永らえたのか、後を追って死んだのかがわからない。それで自分の中で五十年以上もさっきのことが――（笑）。だって、演出家の言う通り納得してきちんとやるのが、役者としては――

伊藤　でも、演出家以上に、天から、ソポクレスが引っ張ったのかもしれないよ（笑）。

毛利　つまり潜在的に、北川さんは演出に反対だったんですね。

北川　そうなのかもしれませんね（笑）。

毛利　そうすると、『オイディプス』のときと、『アンティゴネー』のときで、演出家が違って、なにかその、やり方が違ったということはありましたか。

アンティゴネー（右、成田光子）とイスメネー（左、北川恭子）

北川　あったんでしょうね。でもわたし、そこまで演出がどうとかということはわからなかった。それで、『アンティゴネー』はＮＨＫのテレビで生放送したでしょ。そのときわたし、ものすごく下手だって、集中砲火を浴びた――。生放送でしたから、稽古から本番までの間に、休憩がありますよね。一時間くらいかな。それでスタジオの椅子に座ってたら、チーフディレクターなんでしょうね、その人が来て、あそこはこうで、ここはこうでと、ものすごい沢山のダメ出しをいっぺんになさったんで、わたしはほんとに下手だったんだと。だけど、なんにも芝居をわかっていないから、いままでやってきたことを、あれこれ言われたって急に直るわけないですよ。だから、本番もその通りにやっちゃったんだと思うんですけど、何も意味はわかんないから。今だったら、あんなに言われたら、動揺して、すこしは本番に響いたかもしれない。あのときは動揺もしなかった（笑）。

『アンティゴネー』NHK 出演稽古場面

松川　それはよかった（笑）。

伊藤　おそらく、それもね、ＮＨＫのディレクターとしては、カメラサイズで、あそこはちょっと、あんまり引っ込むなとか、そういう注文をしたんだろうと思う。芝居の本質的なことでの注文ではないよ。でも映像で残すという考えはなかったね。簡便な機器がなかったということもあるけど。ほんとに惜しいよね。テレビ放映されたのに――

毛利　あの頃は、録画ではないから。

伊藤　それも、スタジオの中にセットを作って、狭苦しくやったわけだからね。俳優を含めて、やりにくかったとは思うんだけど、コンパクトにまとめなくちゃいけなかった。

北川　時間的に短かくしてありましたね。

毛利　それで、あなたにとって、その後で、ギリ研のいい影響とか悪い影響とかありました？

北川　悪い影響はありません。全体を通して、すごく楽しかったし、面白かった。それで、いらしたメンバーのみなさんが、すごい方たちだったってことを思いました。後年わたし、バレエをやるときに、稽古にあの湯島幼稚園をお借りしたんですよ。だからあそことは縁があって、園長の高山雅子先生といろいろお話して、公演のときのみなさんの苦労を考えました。

毛利　『アンティゴネー』の衣裳担当は松川さんでしたね。調達はどうしたんですか——

松川　それはね、とくにデザインのことでいろいろあって。すでに出されていた案が、どんなだったか覚えてませんけど、ぜんぜん気に入らなかったのね。アンティゴネーってこんなのじゃないと思って。で、演出あてに、演出がこれでいいと思うなら口は出さないけれど、そうでないなら、私にやらせてって手紙書いて、けっきょく、途中から仕事をとっちゃった。あとで、人を泣かせたとか言われて——（笑）。

中澤　その辺のことは、ぼくも多少覚えている。最初の衣裳デザインは、とてもじゃないけど、ギリシア悲劇の雰囲気は出ないといった感じのものだったのよ。

松川　それでね、なにせ予算は少ない、出演人数は多い。だから第一回の石井さんと同様、浅草の問屋街、舞台衣裳の問屋街に通って、生地見本をもらってきて、いろいろと計算して、支出を第一回の半分におさえた。

毛利　じゃあ材料の生地は買ったんだ。有り物を使ったんじゃなくて。

松川　そう。『オイディプス』のときは、劇団仲間のプロの方がデザイン指導して、作業は福永さんがチーフでされたでしょ。きれいなのがあって、もちろん『アンティゴネー』でも、物によっては再利用もしたんですが、基本的には、自分でデザインからやって、ミシン使って縫うのも、斎藤恒子さんはじめ会員の女の人達や家族にまで、手分けして手伝ってもらった。なにしろコロスは人数が多いから。

毛利　それでね、ギリ研は上演が中心にあったんだけど、われわれ舞台に関係してない、つまり裏方がね、ほんとに面白がってやったでしょ。やっぱりあれが重要だったと思う。切符売りに行くことが、ほんとに面白かった。研究会はもちろん、久保さんのいる研究会があったから、ぼくは大学をつづけたようなものだけど、でもね、裏方が嬉々としてやったというのが必要なんじゃないかと思う。舞台に立った人が面白いのは当然で。

石井　北川さんは、せりふなんか、まだいくつか覚えてるんじゃないですか。さっきのお話すごく面白かったから。

北川　いいえ。だけど、ギリシア悲劇全集で読むと大変なせりふの量で、こんなにしゃべったのかしらって。簡単にしてくださったんでしょうね、きっと。

石井　それで、本番は、ぼく一回も見てない。

毛利　裏にいたってこと？　後ろの方にいたから。

石井　裏にいて。それでなんかかんか言ってだれか来るんですよ。

伊藤　それこそ、第一回のときの毛利みたいに、入れてくれって（笑）。おまえ見張ってろって言われた。なんかあったら、すぐに伝令で飛んでいけって言われて。必死に——（笑）。

第三回公演
『縛られたプロメーテウス』の新しい試み

毛利　ところで、『プロメテウス』の制作チーフは、最初中澤だったのが、なんで降りたの？

中澤　申し訳ないなという気分だけはよく覚えている。なんでそういうことになったかは忘れちゃった。

毛利　かなり早い段階で君が制作責任者の仕事をやめちゃったんで、ぼくのところに回ってきた。ぼくは留年してもう一年いることにしてたからね。それで、第一回、第二回の公演では、一日公演の一ステージだけだったのを、『縛られたプロメーテウス』から二日間の二ステージ公演にした。それは、どうしてなのか、だれが決めたのか記憶にないし記録にもない。

松川　あれが六〇年安保の年だったこともあるかも——

毛利　二日公演は、制作責任者としては、やはり大変だった。でも、それが両日とも満員だったんだよ。

伊藤　すごいものだね。普通の新劇の公演でも五千人集めるのは簡単じゃないよ。

『縛られたプロメーテウス』舞台

毛利　しかも、一日目は、朝から雨が降っててね。大した雨じゃなかったけど、まあ、心配した。公演は夕方からだから待ってみようということにしたけれど、照明はね、照らすと熱くなるから、雨粒があたるとレンズが爆発しちゃうんだよ。だから、途中で降ってきたら大変なんだ。それで迷ってた。でも久保さんは絶対にやれって言う。京都から、西洋古典の偉い先生、田中美知太郎先生がわざわざいらっしゃるんだというんだね。そしたら午後になって、小雨が止んだ。そこで、よしやろうと決めて準備した。照明の人は、万一の場合のために器具に屋根みたいなものを用意してね。でも、結局、降らなかったんだよ。あれは幸運だった。それで二日目も曇天だったけど降らなかった。あのときぼくは留年してたから、上演に関われたんだけど、伊藤は卒業して東映に入っていたし、石井は留年したけど、なんとなく離れてたのかな。

石井　そう、だからぼくのギリ研は『アンティゴネー』で終わってる。

松川　わたしは大学院にいたから、『プロメテウス』も衣裳を担当した。

毛利　それともう一つ、新しい試みとして、このときから仮面をつけることにした。

松川　仮面劇であることは、久保さんは会の当初からこだわっていらして、『ギリシヤ悲劇研究』第二号に論文も書かれてる。それで、久保さんはプロメテウスの巨大な張りぼて像を作られたのよね。法政大の湯川（昌明）さんを助手にして。その中にプロメテウスの古山さんが入って声を出した。湯川さんが細井にくれた手紙には、こんな風に書かれています、「久保さんと二人でプロメテウスのボディ（張りぼて）を作って、その上に、高橋米吉さんの作った顔（仮面）をセットしました。

その中を通っている棒にしがみついて、古山（桂治）さんが、声をからしても更に大きな声で叫んでいた。半世紀以上も前のことですが、私は裏方でしたので、すぐそばに寄り添って、あの声を何度も何度も聴いていました。最後の方になると、声もつぶれ、ガラガラ声で、それでも一生懸命頑張って声を出していました。腹の底に響くような、ものすごい声でした。」

プロメテウス（古山桂治）

毛利　あのときは久保さんも大変だったらしい。一度、なんでみんなは怠けてるのか！って叱られたことがあった。それを松川さんに言ったら、松川さんは、みんな自分がいちばん大変だという気がするのよねって言った。すごく共感したのを覚えてる。

松川　そんなこと言った？　全然覚えてない（笑）。それで、湯川さんの言うように、仮面作りは新制作協会の高橋米吉さんと山口幸子さんだったでしょ。私も衣裳との関係があるので、何度か制作中のアトリエに見学に行ったけれど、試行錯誤で大変だったみたい。それに、『プロメテウス』はコロスの数が二十八人と多かった。『ギリシヤ悲劇研究』第三号に載ってる高橋武雄さんの報告によると、舞台俳優の仮面はアトリエで仕上げまでやり、コロスの分は、アトリエで原型とその

コロス仮面制作（屋外で乾燥中）

石膏逆型が作られて、逆型を駒場の「同窓会館」の二階の室に持ち込んで、「逆型へのパルプ貼り込み」―「乾燥」―「逆型からの剝がしと色付け、ニス塗り」の作業をしたとある。久保さんもその時は、西洋古典の大学院の助手で駒場の研究室にいらしたから、暇さえあれば来て同じ作業をなさった。私の日記に「五月十七日。昼頃、仮面を（東大）自動車部の車に載せた。コロスの稽古場の跡見へ持ってゆくため。出発を見送って久保さんは一言、ああ仮面がなくなってさびしいな、と言われた」とある。

毛利　なにせ、アイスキュロスは初めてだし、大作だし、演出の加村は、彼も留年して俳優座の俳優養成所に入っていて、その伝手からか、スタッフに錚々たるメンバーを頼んできたものだから――

石井　パンフレットをみると、装置は高田一郎、音楽は林光、照明は吉井澄雄、振付は石田種生となっている。

毛利　こういうスタッフのみなさんは、その後は大家になるわけだけど、その頃はまだ、新進気鋭てところだったからね、加村の情熱的な要請に応じたんだと思う。

伊藤　でも、すでにそれなりに活躍していた人たちだったでしょう。

毛利　それはそう。高田さんなんか、斬新な舞台装置で注目されていたからね。二年前の田中千禾夫の『マリアの首』の装置は特に。『プロメテウス』の装置もすごい岩山のデザインだった。いまでも、高田さんとは、あのときのことを話したりするよ。しかし、われわれがいちばん苦労したのは、作曲の林光でね。ギリ研に入ってた国立音大の新徳盛史と一緒に、林さんをあちこち追いかけた覚えがある。

【新徳盛史の話】

新徳盛史　林さんは、なかなか作曲が出来上がんなくてね、アパートまで押しかけた。

毛利　そう、つかまえられないから、朝早くにね、アパートのドアを開けたら、まだ寝ていた。マネージャーがいたんだから、林さんも売れてたんだね、忙しかった。それでも、ちゃんと間に合わせてくれたんだよ。彼の従姉のフルート奏者、林リリ子だっけ、彼女の家で、彼女に演奏させて、林さんはピアノを弾いて、出来具合を見ていたのを覚えている。

新徳　コロスの歌を歌ったのは、国立音大の学生たちで、ぼくが連れてきた。

毛利　林さんは、その頃から、いわゆる正統的とされているような声の出し方を嫌ってね、国立音大の連中がコロスの歌を歌うときに、頭から声を出すなって注文をつけていた。

新徳　そう。でもコロスを演じたのは――

毛利　跡見学園短大の学生だった。コロスを頼むのには、毎回苦労したからね、このときは、美学の先輩の木檜（禎夫）さんが跡見で教えていたので、茗荷谷のキャンパスに頼みに行ったんだよ。木檜さんは、成城大学の教授だったけど、非常勤で跡見で演劇を教えていた。親切な方でね、女子学生を大勢集めてくれた。ひょんな縁で、彼が数年後に亡くなった後に、わたしが成城に就職することになるんだけど――

石井　おやおや、恩人だね。

毛利　そう。それから、照明の吉井さん。彼は、その後劇団四季でも活躍するように、かなり派手な照明をする人でしょう。『プロメテウス』のときも、色付きで華やかな、とわれわれには思われるような照明をしたものだから、何せ、これは本番を見ないと分からないからね、一日目の舞台を見て、われわれは仰天した。これはギリシア悲劇じゃない、少なくとも二日目はこんなのはやめてほしいというわけ。それを伝えるのは、制作の役目だから話してこいと、久保さんはじめみんながぼくに言うんだよ。気の弱いぼくは困ってね（笑）、でも、仕方がないから、上演後に加村と吉井さんが打ち合わせをしている舞台裏に行って、吉井さんに、この照明を直してほしいと言ったんだよ。そしたら、吉井さんは、そういうことは演出の権限だから、加村にまず言って、彼の言い分として聞きたい、と言われた。もっともなことで、加村も、わかったというので、ぼくは引き下がったんだけど、結局、二日目もあまり変わらなかったね（笑）。それは当然だよ。今ならわかるけど、照明の仕込みは簡単じゃないからね、幕開けてから大きな変更ができるわけがない。

伊藤　新徳さんがギリ研に来たのは、『アンティゴネー』のときじゃなかった？　おれは『プロメテウス』のときは、もういなかったけれど、君のことは知っていたからね。

石井　ぼくも知ってたから、そうなるね。

新徳　そう、第二回のときから参加してたと思う。友人から、東大のギリ研てとこで、作曲のわかる人を求めているから、行ってみないかと言われて――

毛利　だから、『プロメテウス』のときは、ぼくと一緒に音楽とか音響関係で動き回ったんだ。あの舞台では、大半はあまり動きがないんだけど、一人、女性のイーオー役だけが、オルケストラを走り回るんでね、マイクを立てても、とても声を拾えない。それで、まだ試験段階だったワイヤレスを、どこから借りたかは、東芝かソニーか、記憶はみな曖昧なんだが、イーオー役の成田光子さんが使った。それも、走り回っているうちに、不具合が生じて、まったく声が聞こえなくなった。後半はほとんど彼女は無言の芝居になったと記憶してるんだが、久保さんは、しばらくしてまた聞こえるようになったと言われる。それに、あのときオーケアノスの役をやった菅孝行は、舞台の人物もワイヤレスを使ったと言うんだけど——

イーオー（成田光子）

【菅孝行の話】

毛利　制作側にはいろいろ困難があったんですが、出演者としてはどうですか。やっぱりギリシア悲劇は特別な感じがありましたか、それまでの演劇経験とは——

菅孝行　それまでの演劇とは全く違うことをやってるという感触、身体感覚はありましたね。せりふを言うときに、日常的ないろんな関係に対応してものを言うとか、ここは悲しいからこう言うとか、それとは全く違うでしょ。自己流であれ、朗々と朗誦劇をやってしまうわけですから。それはすごく新鮮な経験だった記憶がありますね。ただ当然、日比谷では肉声では届かないから、ワイヤレスを使いました。「これをしっかりつけとけ」って言われました、登場のとき。こわごわ、「ワイヤレスが切れたらどうしよう」って思いながら、のこのこっと舞台の岩山に上がっていくんです。襟元につけさせられましたよ、確か。その記憶はあります。それでほんとに声が拾えてたのか、別にマイクを立てたのか、そこの記憶はないんですが。

毛利　でも君がやったオーケアノスはほとんど動かなかったでしょ、あのとき――

菅　動きません。オーケアノスは、「おれはきた」とか言って下からずっと上がって、そのまま対話して帰っていった。

毛利　じゃあ舞台でもワイヤレスを試してたのかな。イーオー役の成田さんだけだと思ってたんだが。

菅　生の声では届かなくて――ワイヤレスをつけさせられた記憶だけはあります。で、舞台からさがると、だれかほかの人にリレーして渡してた。プロメテウスの古山さんはつけっぱなし。イーオーの成田さんも、もちろん。あとはとっかえひっかえしてリレーして使ってた。ぼくは、はっちゃん（鈴木初太郎）か誰かに、渡したんじゃないかな、かれは最後にヘルメス役で出てくるから。マイクがちゃんと機能していたかどうかは判りませんけど、全員に実験的につけさせていたことは間違いない。

オーケアノス（左、菅孝行）

毛利　古山さんもつけてたのかなあ、あのとき。そうすると、どうですか、演出の加村がもういないから、もうそのへんが分からないんだけど、稽古はどういうやり方っていうか、彼の演出は、どんな具合でしたか。

菅　稽古では仮面をつける訳にいかないから、素面で、幼稚園の空間、平場で読みをやり立ち稽古をやりっていう。ディテールは覚えてませんけど、せりふの部分の稽古は、そんなに普通のお芝居と違うやり方はしてなかったような気がします。ただ、跡見の女の子と動きとせりふを合わせなきゃならなくなった、そこは——どうやったんだろう。ぞろぞろ、めちゃくちゃ大人数だったんですよね、二十八人？　それで、そうだ、石田種生さんが振付でしたよね。

毛利　ええ、振付は当時の松山バレエ団の石田さん。

菅　だから、全然体が動かない女の子たちが、よろよろ、よろけてたとかいう記憶はあるけど、彼女たちはどうやって稽古してたのか、跡見のほうでやってたんだと思う。一、二度行ったことがありますよ、茗荷谷の校舎に。

毛利　ただね、あのときはコロスはそんなに動かなかったんじゃないかと思うんだけど。歌は国立音大の女声合唱団、本番の舞台右手の裾の方に並んだサイドコーラスだった。

菅　とにかく、一応役者のせりふと合わせるってことをやったことは間違いないです。イーオーが出てきて演技をしているときに、コロスですから、応答するわけです。合わせないわけに行かない。

毛利　稽古は夕方から？

菅　役者たちの

コロス稽古、石田種生（中央）振付

稽古は夕方から夜。湯島の幼稚園でした。せりふをしゃべる人は、そこで集まってやっていたと思います。コロスとの合わせっていうのは、そんなに何度もやった記憶はないですね。東大のほかの演劇サークルからは劇団駒場の小坂弘治、劇研の鈴木初太郎、荒井美三雄、ぼくのほかに三人です。それから古山さんです。よそ様といっしょに稽古するという感じだったのは、新人会の成田光子さんだけです。稽古はそんなに何か月もやったわけでもないですが、五月ひと月はちゃんとやったんじゃないかな。せりふ覚えなきゃなんないですから。

毛利　成田さんはプロだったからね。毎回来てました、彼女?

菅　成田さんはよく来てましたね。イーオーですから当たり前かもしれないけど。

毛利　ところで、ギリシア悲劇に対する興味とか関心は、もともと持ってたの?

菅　関心は、もともとブッキッシュにはあったから、新関良三さんのギリシア悲劇論の本とかは持ってました。それで、場面ごとの名前、エペイソディオンとかコンモスとか、ギリ研参加に先立って記憶していました。ギリシア悲劇のことは、全く知らないというのではないですが、おかしな興味の持ち方です。アヌイの『アンチゴーヌ』っていうお芝居、あれは劇団四季が結成当時、上演したお芝居で、ピュアな原則を守り抜いて権力と闘って死ぬ。あれに心酔していまして、それのもとはなんだろう、ソポクレスの『アンティゴネー』だ、じゃあ勉強してみようか、っていう関心の持ち方です。そもそもわたしは、フランス演劇時代の初期四季が観劇体験の原点ですから、翻訳で入ってきたフランス演劇がわたしの演劇の教養を作った、高校の頃のね。

毛利　そう、それは知らなかった。アヌイの『アンチゴーヌ』は学生演劇じゃずいぶんやっていたね。君が高校までいたという学習院の大学でもやったのを一度観に行った記憶がある。

菅　大学のフランス会というサークルでやったフランス語劇で、クレオンを蓮実重彦さんがやってます、東大からやってきて。

毛利　そうすると、君が左翼に、それもかなり極端な左翼になるのは、いつから？

菅　おかしなことに安保が終わった後なんですね。圧倒的にデモの人数が少なくなった学生運動に少し足を踏み入れたのと、劇研で自分たちに納得のいく芝居をやろうとしたこともあって、未練はあったんですが、ギリ研からも離れちゃって、その後も誘われたんですけど、加村さんに――

毛利　ああ、そうだった――？

菅　「おれ、やれない」って断った記憶があります。加村さんからもちかけられたのは『ピロクテテス』でした。一年の間にまあ、真っ赤っかになっていて、新島ミサイル試射場反対とかも、現地まで行って二週間いたりとか、政暴法（政治的暴力行為防止法案）反対とか、米ソ核実験反対とかやってました。社学同の再建とかにも関わりました。

毛利　まあこれは話が合いすぎる感じだけど、『プロメテウス』というのは反体制の芝居だからね言ってみれば。だから、それに出てから左に極端に傾いていったというのは、何か関係がありそうな――

菅　関係はないです。でもプロメテウスは神の秩序に逆らった――火を人間に渡した神、火は神と闘う武器ですからね。それは大変スムーズに、非常にわかりやすく理解できたという記憶はあります。

毛利　いやまあ、もちろん、火を人間に与えたということがその後どうなるかというのは、今日から見りゃわからない。
菅　とんでもないことになったりする。原子力まで行きますから。
毛利　そうすると、ギリ研に入ってたことの影響みたいなもの、何かそういう感じを持ったことは全然ない？
菅　ギリシア悲劇を上演することが、ごくごく当たり前になってきた今の世の中になって、あの経験はよかったと思えることは大いにあります。自分のギリシア悲劇の原点が一九六〇年まで逆上れるっていうのが、いいなっていう感じはしますね。野外劇というのは珍しくないですが、もう、仮面をつけてやるっていう人たちはいないわけで、自分はつけたわけだけれども、よくまあ、復元上演をしようとしたもんだって。古代ギリシア劇を復元しようという試みは、いまはもうないですよね。
毛利　外国でもね、元通りに、というのは誰もしなかった。
菅　六〇年代まではまだ復元上演ということを考えてる人たちがいたということですね。

第四回公演
『アガメムノーン』——集大成的上演

毛利　ぼくは『プロメテウス』で一年留年して、卒論を『アンティゴネー』論で書いて卒業し、この年一九六一年の四月に美学の大学院に進んだから、第四回の『アガメムノン』のときは、まだギリ研入りびたりの生活はつづいていた。
石井　ぼくは毛利君と同年で、同じく留年したけど、もう一年留年することになってしまって、もう卒論を書かないと追い出されるもんだから、ギリ研の直接の活動からは離れた。

伊藤　おれは、前の年に卒業して東映に入っていたからね、『プロメテウス』のときはもういなかった。
中澤　ぼくもすでに離れてて、外から眺めるだけだった。
松川　わたしは、前の年に、西洋古典の大学院に入っていたから、ずっとギリ研とかかわっていたけれど、『アガメムノン』のあと、秋には渡仏したので、これが最後でした。
毛利　細井さんも大学院にいたし、久保さんは西洋古典の助手で研究会の中心だったし、ギリ研はまだまだ、大いに活動していたという感じがぼくにはあるけど、でもぼくも『アガメムノン』のあとにアメリカに行くので、このあとのことはよくわからない。それで、一九六五年にアメリカから戻って、次の六六年に第九回公演として『バッコスの女たち（バッカイ）』を演出したから、ぼくがギリ研の日比谷公演の最後を締めくくった感じをもってるんでね。でも、それはそれとして、『アガメムノン』の公演は、それまでの集大成だったという印象を、ぼくはもってる。
松川　わたしもそれは同感ね。久保さんの台本もすごいし、久保さんのデザインした装置もよかった。ミュケナイ王家の両刃の斧を立ててるんだ、盾を車輪に見立てて、と言われてた。アガメムノン帰還、捕虜の王女カッサンドラ、それを出迎えるクリュタイメストラの写真が『アサヒグラフ』（1961.6.23. 号）に大

『アガメムノーン』舞台

きく載ったでしょ。そのあとでは、第九回公演も大きく載せてくれた。

毛利 久保さんも大わらわで、金槌持って野音を走り回ってたね。それに、それまでの難問だったコロスを、外部に頼んでいてはどうしても理解できないんじゃないかということで、われわれ会員がコロスになって、歌い踊ることにした。細井さんもぼくも――それで、いちばん印象が強いのかもしれないね。

石井 実は、ぼくも加村君からコロスに誘われた――かれがコロスの長だったでしょ。で、ぼくにもコロスをやれという。でもぼくは卒論で書くべき作家の作品をまったく読んでない。これだと退学になっちゃうから、今はコロスできませんって言ったら、怒られてさ。それで顔出しができなくなって行かなくなった（笑）。

毛利 パンフにあるコロスのリストを見ると、いろんな名前が載ってる。先の湯川もいるし、次に『ピロクテテス』の制作チーフになる本多良樹もいた。常連の会員だけでは間に合わなくて人集めもしたけどね。あのときは、湯島幼稚園に集まって、基本的な動きから稽古した。みんな初めてで、ほんとに下手だった（笑）。

王妃クリュタイメストラ
（中央上、林洋子）

伊藤 しかしともかく、ギリ研最強の陣容がそろってたわけだ（笑）。

毛利 それに、クリュタイメストラに三期会の林洋子さん、カッサンドラに『アンティゴネー』以来三度目の成田さんも出ていた。

石井　冒頭の林さんの「火の演説」、朗々たる演説で魅力的だったね。久保さんも感激しておられた。

毛利　男優の古山、加村、西井さんも、常連で、ほとんどプロ級だったしね。

石井　西井さんは、いつも戸山裕という芸名でね。これは都立の戸山高校出身だから(笑)。

毛利　それで『アガメムノン』の演出は美学四年の高橋武雄。『プロメテウス』のとき、加村の演出助手をしてた。彼は、演劇とはほとんどかかわりのない男だったけど、朝日新聞社に入って校閲部にいたらしい。何ヶ月か前に電話をして——朝日を退職してから故郷の岡山にいるんだけど——当時のことをたずねると、昔のことはよく覚えていないと言ってたが、『アガメムノン』のときは、会員がコロスになって歌って踊ったから、振付も、演出の自分がやったと言う。彼は高校のとき体操部にいてね、女子の床体操の選手が同じ場で練習していたのを見ていたから、何となく体の動かし方を覚えていたんだって。しかし演出については、みんなであれこれ言った覚えがある。舞台稽古のとき、最後の場面で、老人のコロスが、宮殿内のいわばクーデターを知って、どうしようというところで、あたふたするでしょ。そのときに久保さんが稽古を止めて、だめだだめだ、もっと動揺して大騒ぎしなくちゃ、と言

『アガメムノーン』コロス

う。われわれは困ってしまってね（笑）。あのときは、コロスの歌は、録音じゃなくて、われわれが歌ったから、精一杯声を張り上げたけど、マイクが拾ってくれなくて、お客さんにはほとんどなにも聞こえなかったらしい。冒頭の長いコロスの歌なんか、わけが分からず、「死ぬほど退屈した」と堂本正樹が『新劇』に批評を書いていた（一九六一年八月号）。意図は壮大で立派だが、実際との差がありすぎたって。非常に辛辣な批評だったけど、それだけ真剣に批評してくれているのが分かって、ありがたかった。序に言うと、雑誌『新劇』は『アンティゴネー』のときから『アガメムノン』まで、毎回ギリ研の上演台本を載せてくれて、劇評も掲載した。『アンティゴネー』の劇評は山田肇（一九五九年八月号）、『プロメテウス』は呉茂一（一九六〇年八月号）。どちらも、試みとして大いに意義があるといって意欲は買っていた。山田さんは、出来具合はちょっと、というのだったけどね。ともかく、『アガメムノン』は、研究会の全力投入の上演だったと思うよ。

伊藤　『アガメムノン』の作曲は、これも会員の新徳（盛史）さんだったんじゃない？

毛利　そう、すべて会員でやるという方針でね。あれが新徳の最初のギリ研の作曲、それをみんなで歌う練習をした。われわれにも歌えるような、単純な旋律にしてもらったけど、「いまははや十年のむかし」ではじまる冒頭のコロスのパロドス（入場歌）が、イピゲネイアが生贄になるところで終わるんだが、彼女の悲嘆の歌は、ソロだから、これはわれわれには無理でね、新徳の知っている国立音大の学生にコロスに入ってもらって、そこを歌った。「こえをはばむくつわの力をかませよ――」きれいなメロディで、今も口をついて出てくる。

松川　私は『アガメムノン』のときも衣裳を担当したんだけど、はじめはお金がないから『オイディプス』のときのイオカステの衣裳をクリュタイメストラに使おうと思ったら、薄い紫色のひらひらしたものでね。それでは仮面に耐えられないしイメージも違うと思って、会計に頼んで二千円くらいだか増額してもらって真紅の少し厚手の生地を買ってきた。

毛利　その衣裳とか仮面は、公演のあと、どこかにとっておいたの？

松川　例年、安田講堂の倉庫に入れておいたんだけど、あの「安田講堂の攻防戦」（一九六九年一月）で、すべて水浸し泥まみれになって処分されてしまったらしい。早稲田大学の演劇博物館にも少し入れてあるらしいけど。

毛利　ぼくにとっては、何といっても、コロスの経験が大きい。そのときいちばん苦労したのはやはり仮面でしたね。頭からすっぽり被る仮面だったから――

松川　あのときは、早大から来てた高橋廸子さんが、仮面制作の助手だったでしょ。

荒れた安田講堂周辺（『アサヒグラフ』1969年2月7日号より）。ギリ研の仮面を使った人形像がある（資料編Ⅲ.2参照）

【高橋（現姓 青山）廸子の話】

毛利　高橋さんは、ギリ研に『アガメムノン』から参加されたんですね。それはどうしてだったんですか。

髙橋廸子　小さい時からギリシアが好きだったということと、それから、大学進学を考えた時に、国文科か、父が絵描きだったので、日本美術史かと考えてたんですけど、何となく物足りなくて、そういうときに朝日新聞でギリ研の公演の予告を見たんですね。それで観に行って――二回目（一九五九年）の『アンティゴネー』のときです。そのときまでは、ギリシアが好きでもギリシア神話どまりで、ギリシア悲劇というところまでは全然知らなかったんですけども、その『アンティゴネー』で凄く感動したんです。あのとき、観客はみな、舞台が終わってすぐ拍手はしないで、しばらくシーンとしてて、感動がいっぱいだった。それで「あ、そうだ、ギリシアやろう」って。それですぐ方向転換して、早稲田の史学科、西洋史へ。ギリ研を観て、人生の進路を決めた人は、けっこういますよ。

毛利　そうですか。それでギリ研に入ったんですね。

髙橋　結局『アンティゴネー』を観た次の年に早稲田に入学して、その年『プロメテウス』を観て、そこで入会希望者を募ってるのを知りまして、その合評会に行って、すぐ入会申込みをしました。研究会は『プロメテウス』の直後から出てたんですが、実際のギリ研の作業に携わったのは『アガメムノン』からですね。仮面制作の助手でした。仮面を作るのは『プロメテウス』のときと同じで、高橋米吉さんと山口幸子さん。それで、わたしは、その連絡係というか。でも、『プロメテウス』のときの仮面の材料は何だったんでしょうか。紙ですか、粘土?

毛利　『ギリシャ悲劇研究』三号にある報告では、粘土で原型を作って逆型をとり、そこへ二～三ミリ厚さの紙「パルプ」を膠糊で貼り込んだようですね。

高橋　それで、『アガメムノン』のときは、ちょっと役者さんに気の毒でした。ラテックスという液体ゴムを逆型に入れて、そのあと鉋屑を細かくしたようなのを、強度を保つために入れたので、こんなに厚かったんです。だから、被ると異様な臭いがして、よくあれで倒れないで――（笑）。

毛利　臭いはまだ、慣れればいいんですけどね、わたしたち、細井さんもわたしもコロスをやってて、仮面を被ってちょっとどこかが頭にあたると、もう痛くて耐えられないんですよ。

高橋　じゃ、けっこう硬かった？

毛利　そう、硬かったですね。そう言えばね。

高橋　多分『プロメテウス』のときがちょっと軟らかかったので、それで「今度は硬めに」っていうんで。私、『プロメテウス』のお面は、触ったことないんで分からないんですけど、『アガメムノン』では、「とにかく硬く硬く」っていうのは言ってました。毛利さ

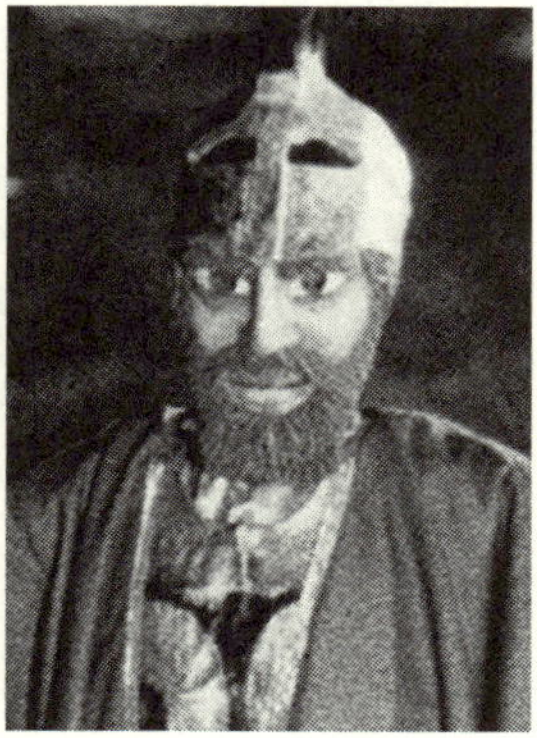
仮面、アガメムノン（古山桂治）

仮面、クリュタイメストラ（林洋子）

んもお被りになったんですか。

毛利　そうですよ。あのときはね、もう全員が——。でも仮面は、頭に合わないとどうしようもないんで、それに苦労した。やっぱりそうか、きっと硬くて、そう簡単にはいかなかったんですね。

第五回公演『ピロクテーテース』
——演出のさまざまな問題

毛利　『プロメテウス』の次が『アガメムノン』で、その次の『ピロクテテス』で久保さんが演出をされましたけど、演出しようと思われた理由は何だったんですか。

久保　それについての記憶は全然ないんです。何かやってみようと思ったんでしょうね。

毛利　周りはどうだったんですか。ぼくはもう日本にいなかったからわからないんですが。

細井　激論があった。エウリピデスにつなげていこうという意見もあったし、全く発想を変えて新たな上演づくりに取り組んでみようとか。

久保　エウリピデスをやろうという人たちはいましたね。

『ピロクテーテース』舞台

毛利　それでこのときは、日比谷の野外で上演した後も、共立講堂の室内舞台でやりましたね。それはどういう意図で——？

細井　このときの研究会の代表者本多良樹が書いた「趣意書」（六二年四月九日付）では、五月二十六、二十七日に日比谷野音で、六月五日は共立講堂で、計三回公演すると、前もって公表していますね。われわれは、制作意図として、ギリシア悲劇を室内に持ち込んだらどうなるかについて前から議論していた、だから——

久保　たしかに、その議論はありましたね。でも稽古をやっているときに宮内庁から、皇太子・妃両殿下がギリシア悲劇を見たいとおっしゃってるけど、どうだろうかという話が来たんです。練習しているその場にこられての話だった。吃驚したけど、そういうえらい方が見たいと言ってくださるなら、懐具合もよくなるかもしれないなどと思って、じゃあやりますと言ったのです。ところが、野外劇場で夜の時間帯では警備が無理だということで、一週間くらいあとの共立講堂での上演を見にこられた。そのときは、呉先生が皇太子の、細井さんが美智子妃殿下の横に座ってご説明したんでしたね。

松川　宮内庁からの最初の申し入れが正確にいつだったかは、記録にも残っていないのですが、それはともかく、室内でやる案が前以てギリ研サイドにあったとすると、その発案はやはり久保さんだったんですか。

細井　そう、久保さんだった。

久保　ぼくらには室内でもやれるという気持ちがあったし、ともかくやって、見てもらいたいという気持ちはあったわけだけど。

細井　ギリ研の例会で『ピロクテテス』の室内上演を了解したのは、ギリシア悲劇を室内でやるのは大いなる冒険だが、是非やってみようという結論が出たからだった。それと、もうひとつ、日比谷での上演の際、音声は、あらかじめ録音したものを流すことにしたんだけれど、これについては、役者たちから不満が出ていた。それで、録音の必要のない室内でも上演しようと考えた、という面もありましたね。

毛利　録音というと、コロスだけじゃなくて、役者のせりふもですか。

久保　そう、全部プレレコでね。それでやると言葉は完ぺきに聞こえる。音響問題はギリ研当初からの課題だったから。しかし、室内ではやはりギリシア悲劇のもつエネルギーを消化しきれないという実感を持ちました。それが『ピロクテテス』上演の教訓でもありましたね。

【西井一志・古山桂治の話――『ピロクテーテース』のプレレコ】

毛利　『ピロクテテス』のときは、野外でやるときに、せりふをあらかじめ録音しておくプレレコでやったんですって？

西井一志　そう、野外では聞こえないからプレレコにするって、久保さんが。どうしてもダメだって。聞こえない。それでプレレコって言うんだけど――加村とおれは、どうもなあって――

古山桂治　西井さんは反対だった。

西井　加村も反対で――久保さんは、いやだけど、でも聞こえなかったらしょうがないじゃないかと――

古山　それでおれはそれにのったんだ。

西井　だから、しょうがないかと。それで、案の定、聞こえたけど、客はなんか変だと感じたんじゃないか、前の年には、まったく聞こえなかったからね、今度は聞こえすぎた。

毛利　そうか、おかしいと思ったんだ。

西井　プレレコじゃあ、芝居じゃないと――

毛利　長岡輝子さんが『芸術新潮』で、血の通ってる俳優をギニョール化してるみたいだって書いてたけどね（一九六二年七月号）。でも、この芝居全体についてはとても高く評価してた。

西井　とにかくね、プレレコだというんで、おれはせりふを覚える気がなくなった記憶がある。
古山　それはそうだろうね。
西井　おれはほら、いい加減だから、せりふが違っちゃうことがあるんですよ。それで久保さんがね、昨日と全然違うって、ムードも違うし、昨日はよかったんだ、今日のはって

ピロクテテス（右、戸山裕＝西井一志）とネオプトレモス（左、古山桂治）

――おれに直接は言わないんだけど、加村にこぼしてる――そう加村が言うんだよ。でもさ、こんどの久保さんの訳ではね、せりふはリアルというか、いままでみたいに、ダアーとやるようなんじゃないから、気持ちが入ってないと、のれなくなっちゃう――
毛利　それで、プレレコって、せりふ全部でしょ？
古山　そう全部、でも、口だけは動かしてないといけない。
西井　だからやる気がなくなっちゃう。それを決めたのは、途中からだったから、ある程度はやってた。だから、覚えてもいたんだけど、久保さんは途中で、どうしてもだめだと。久保さんは、最初から考えていたらしい、様子見てね――
毛利　でも、すべてを録音しておいて流すんじゃ、動きも何も録音に合わせなくちゃなら

ないわけでしょ。野音の舞台でやるのを、正確にせりふの間を前もって決めて、録音しなくちゃいけない。そんなこと不可能じゃない？

古山　不可能ですよ。でもやったんだよ。だから加村ともめた。

西井　ある程度覚えてからだから、がっくりだよね。でもとにかく、ある程度入ってたから、室内でも、稽古は短期間だったけどやれた。

【NHK出演】

久保　実はNHKでも放送したんです。美学を出てNHKに入った人がいて、彼が教育テレビでギリシア悲劇をやりたいと言ってきたんです。で、そのあと、その人とは何度も喧嘩しましたね、ああでもないこうでもないとね。結局、NHKの教育テレビでやりました。日比谷や共立講堂での公演よりかなり前。ですから、仮面や衣裳も本公演とすべて同じというのではなかった。

『ピロクテーテース』NHK出演

毛利　『ピロクテテス』をNHKでやったとは今まで知りませんでした。

細井　確かに放映はした。『ピロクテテス』の写真集の中に、共立講堂ではない円形のスペースでコロスが動いている写真があります。それがNHKの時のものではないかな。

久保　ほんのエッセンスというか、お飾りに過ぎないのだけれど、ギリシア悲劇とはこんなものです、と知ってもらうために小さなものを作った。全部やれば二時間近くになるのを四十分くらいに縮めたものを新たに作ったわけ。

毛利　そのNHKでやったということはどこかに記録がありますか。

松川　『ギリシヤ悲劇研究』第五号で、衣裳担当の高橋さんが、そのことについて述べていますね。

【高橋迪子の話】

毛利　『ピロクテテス』のNHK出演のことは、これまでに、だれからも聞いたことがなく、まったく知らなかったのですが、ギリ研会誌の『ギリシヤ悲劇研究』第五号に、高橋さんが衣裳について書いておられる文章を見ると、『ピロクテテス』のNHK出演は野音の公演の前年の暮だったと理解できますね。

高橋　『ピロクテテス』では、わたしは衣裳を担当して、上演の場所が違うときに衣裳を手直ししたことは事実です。ただ、あのときは、日比谷野音の後に、共立講堂でも上演しましたし、そのあと一九六二年の十月末か十一月初めにNHKに出演したという記憶があるので、わたしのなかでは話がかなり混乱していたんです。ところが先日、たまたま昔の書類箱を開けてみたら、そこに昭和三十六（一九六一）年十二月放送のNHK日曜大学「ギリシア悲劇」用台本というのが二冊出てきて、これが、『プロメテウス』と『ピロクテテス』の台本なんで、それは青天の霹靂でした。

毛利　いやあ本当ですか――そうすると、NHKでは『プロメテウス』もやったのですね。わたしは、『プロメテウス』のときの制作チーフだったけれど、その六一年の暮にはすでに日本にいなかったのですが、だれからもそんな話は聞いたことがなかった。

高橋　この台本には、昭和三十六年十二月十日（日）19：00～20：00、NHK日曜大学、アイスキュロス作『しばられたプロメテウス』第一稿、ギリシア悲劇研究会訳・編、NHK－TV放送台本、とあり、もう一冊には、十二月十七日（日）、ソポクレス『ピロクテテス』とありますから、疑いようがないですね。昔の新聞のテレビ欄を調べてみたら、この「ギリシア悲劇」の日曜大学は四回つづきで、その第二回が『プロメテウス』第三回は『ピロクテテス』だったようです。毎回、呉茂一先生他の方のお話があり、その実例として、短く編集したものを放映したのでしょうね。

毛利　それじゃ、ギリ研の公演を見せるというより、日曜大学の講義の説明として作ったということでしょうか。ともかくこれで、『ピロクテテス』のNHK出演は、野音の公演よりかなり前だったことになりますね。

高橋　NHK出演が野音公演のあとだったという私の記憶は、かなりはっきりしているつもりなんですが、二度出演したという決め手になる資料が今のところないので、何とも言えないのですが——

毛利　歴史記述の難問ですね。——ところで、高橋さんは、『アガメムノン』のときは仮面を手伝ってた——

高橋　そうです。ただ『アガメムノン』のときの仮面が重かったので、『ピロクテテス』の仮面は、とくに室内用は、セルロイドで、下敷き状の厚いものを使いました。ちょっと能面っぽい感じでしたが、中は軽く、それでだんだん小っちゃくなっていった傾向があるんじゃないかしら。

毛利　それじゃ、そのときの仮面は、被るんじゃなかったんですか。

高橋　写真で見ると、一応被ってますね。NHKで上演したときは多分、室内と同じやり方でやってるので、ちょっとこう、バンドで止めてる。

毛利　でも高橋さんは、『アガメムノン』のときには仮面を手伝って、その後は衣裳を担当したんでしょ。

高橋　そうです。『ピロクテテス』と次の『トロイアの女』は衣裳のチーフをやりました。

毛利　そのときの衣裳のことをお聞きしたいんですが、基本的に衣裳を作るのは、何をモデルにしてというか、どういう考えで作っていったんですか。

高橋　原則的には古代ギリシアっていうんですか、それはもちろんありましたけれども、でも、現実問題として、とにかくお金がありませんでしたから、お金が無いなかで、どうやってそれらしく見せるかということが一番でした。『ピロクテテス』のときは、まだちょっとお金もありましたので、買いましたけれども、『トロイアの女』のときは最初からお金がなかったんですね。それで加村さんから、名前の入ってない「東京大学ギリシア悲劇研究会」の名刺だけ渡されまして、「自分の名前を書いて東レと帝人に行って、それで布をもらって来て」と。とにかくまったくのぶっつけ本番で東レへ行きまして、一時間ぐらい粘ったら、最後に「わかった、参った」って。それで倉庫みたいなところに連れてってくれて「なんでもいいから持ってって」って話になったんです。だけど、やっぱり東レで扱ってるものは化繊が多いですから、使えるものはあんまりなかったですね。でも薄い紗みたいなものはいただいて、今度は、帝人へ行きました。帝人へ行ったら話は簡単で、「東レが出した！　おう、じゃ、うちも出します。」（笑）それで、麻と化繊の混じった紺色のものが大量にあったんで、これはコロスに、ともらいました。だから、あるものでそれらしく見せるということに必死でした。ただ、光るベルベット、ああいうのはよくシェイクスピアなんかで使いますので、あれだけは使わないようにとは考えていました。

毛利　それらしくっていうときの「それらしい」イメージは何が――

高橋　やっぱり美術全集。ギリシアの美術全集なり、甕の絵だったり、そういうところからイメージして、ということですね。芝居のための衣裳の資料はありませんから、やっぱり彫刻と壺絵と、それだけ。

毛利　一着一着縫ったわけですよね。コロス全員というと、かなり多いでしょう。

高橋　はい。働き手が新しい人ばかり十人たらずで。追い込みの頃はとくに大変で、コロスの衣裳を、日比谷へ行く地下鉄や美容院の座席で縫った人もいました。

毛利　仮面も衣裳も全員がつけるからね。それと、衣裳の場合は一人一人合わせなくちゃいけないでしょう？

高橋　ええ、それは一応合わせましたけど、だいたいで。基本的にそんなに身体に合わせるっていうことはしてません。それをやると、逆に、舞台映えがしませんから。私、本当いうと、お裁縫は嫌いで、だめで、だから最初お話があったときお断りしたんですけど、どうしてもって言われて、それで考えて、じゃ、布の形から真四角にして、真ん中で首が出れば、と（笑）。

毛利　それでも済んじゃうからね。

高橋　結局その方が、舞台映えっていう意味ではよかったみたいです。逆に服飾経験のある方だと、どうしても身体から入っていくので、きれいに作り過ぎる――それだと、舞台ではボリューム感がなくて、まして野外で夜間ですから。だから私のやり方が嫌で、公演が終わったあと辞めた人もいます、とてもついて行けないと言って。でもそのあと、その人はオペラや新劇の舞台衣裳家になりましたけど。お裁縫が苦手な私が衣裳係をつとめられたのも、熱い仲間たちのおかげですね。熱さは、ギリ研の原動力でした。

毛利　わたしが演出した『バッコスの女たち』のときは、神山邦子さんが衣裳担当で、昔の壺絵とかなんかを参考にしてくれって言ったんだけど、あとで久保さんが、絶対それは駄目なんだって言われてね。ひらひらっとなるようにしようと思ったんですよ、かなり激しく動かしたからね。だけどあれは壺絵だからそう見えるだけで、ああいう風に作っても絶対駄目なんだって言われて、それじゃどうしようもないなと思ったんですけど。

高橋　『ピロクテテス』の時は、久保さんの演出でしたが、衣裳に関してのダメ出しは、一切なかったですね。

【『ピロクテーテース』の演出】

毛利　久保さんは、ご自身で演出をなさってのご感想はどうだったんですか。研究者としてそれまで上演とは直接関わらなかった方が、仮面を使う頃からかなり現場に関わられるようになり、さらに演出にまで踏み込まれた。そのご感想は？　一度で懲りた、という話も聞いてるんですが（笑）。

久保　みなさんも同じ感想だろうと思うんですが、ギリシア悲劇の上演がいかに達成しがたいことであるかを思い知らされた。やってみて初めて分かりましたね。ぼくは演出のようなことは訓練も受けていないし、経験もなかったのですが、何がどう違うのかというと、台本なり知識を通じて自分の頭の中にイメージというものができあがる。声の抑揚であったり、感情の表現であったり、手足の動きであったりする場合もありますが、とにかく自分なりのイメージを持つわけです。そういうイメージをもって一人一人の役者さんに接することになるんだけど、どの役者さんのどのやりとりをとっても、自分のイメージに近いものが全然出てこない。で、どう言えばそれがうまく伝わって、役者さんがこっちが思っているように動いてくれるのか、ということで悩みました。言ってもうまくいくことはほとんどないし、どうしたらいいのかまったく見当もつかなかった。言葉を介してのものづくりというものがどんなに大変で難しいものであるのかを思い知らされた。誰でもきっと同じような経験をされたんだろうと思いますけどね。

ピロクテテス（戸山裕＝西井一志）

毛利　二度とやる気が起こらないほどだったんですか。

久保　二度とやれないと思わされたのは、何よりも仮面の問題でしたね。何もかもお面のせいにしてしまったのかもしれませんけど、どんな形のお面ならいいのか、役によってお面を使ったり使わなかったりすればいいのか、とにかくお面の処理というのはどうしてもわかりませんでしたね。どういう使い方があるのか、とくに言葉との関係でね。表情を動かさないでものを言う人間が、どこまで感情を表現できるのか。ともかくそれを実際に古代ギリシアではやっていたんです。

それからもうひとつ、ぼくには消化も何もできなかったむずかしい問題にぶつかった。パート譜の問題です。演劇として保持するためにはパート譜をパートの役者が伝えればいいわけだから。そういう風に考えたとき、では誰が通して読める本をつくったのか、どのように編纂したのかといった疑問にぶつかるわけです。どういう指針に基づいて編纂したのか。ぼくはアリストテレスの『詩学』はそのために書かれたのではないかと思っています。証明はできませんよ。だけどあの『詩学』は詩学を論じているのではありません。あれはパートとして伝わっている言葉を、どのようなリズムでまとめるかを指示している本だと考えています。証明はできないけれど、そうであるに違いないと確信しています。

毛利　アリストテレスはすでに通しの本としてギリシア悲劇を読んでいたんですか。それとも――

久保　芝居はたくさん観ていたでしょうが、通しの本は持っていなかったでしょうね。自分が作るにしろ、弟子に作らせるにしろ、もし通しの本を作るとすればこれが基本だということを書いたのが『詩学』だろうと思うんです。だから竹内先生の『詩学』の講義がギリシア悲劇研究会の出発点であると言えると思うんです。言い換えれば『詩学』という本自体が命を取り戻したということだと思っています。その二つ、お面の問題とパート譜の問題ね。この問題にたどり着いて、ここまでが自分の到達できる知恵の限界であると悟ったわけ。それからあと、ギリシア悲劇に関心が持てなくなってしまったんです。

第六回公演『トロイアの女』とその後

毛利　おのおの個人的には、ギリ研との関りにいろんな違いがもちろんあるでしょうけれど、それらを一応脇におくと、ギリ研の活動を担ったメンバーをごくおおざっぱに分けて、第一回の『オイディプス王』（一九五八年）を担ったのはギリ研第一世代、第二回の『アンティゴネー』（一九五九年）から第五回の『ピロクテテス』（一九六二年）までが第二世代で、われわれがそれに属することもあるけれど、ここで一つ線が引かれている感じがある。第六回の『トロイアの女』（一九六三年）から第九回の『バッコスの女たち』（一九六六年）までは、かなりいろんな人がかかわった。でも一応、第三世代と見ることはできるでしょう。ここまでは、毎年初夏の日比谷野外音楽堂での公演という枠が保たれていた。しかしこのあとは、日比谷の野音を離れて、毎年の公演という慣例からも離れた。だから第十回（一九六八年）、第十一回（一九七〇年）とつづくけれども、それ以前の活動とはちょっと距離感がある。メンバーもかなり入れ替わっていて、連続して第四世代と言えるかどうか。でも、彼らが東大ギリ研としての歴史の最後の活動を担ったことはたしかですね。そして、この第十一回をもって

『トロイアの女』舞台

ギリ研活動の全体は終わりになる。

松川　スタッフや俳優陣のリストを見ると、『トロイアの女』の後も、第一回からの同じ名前も並んでいますから、微妙なところだと思うんですが、研究会のメンバーには、途中から参加してきた人たちが多いから、なんとなく『ピロクテテス』のあとに一線が引かれてる感じを、わたしももってますね。

石井　ぼくも、後は積極的にかかわっていなかったけど、同じ印象をもってる。

毛利　たしかに『トロイアの女』の演出は細井さんで、俳優たちは、カッサンドラ役の北川さんがギリ研専属女優（笑）として出ているし、ヘカベー役は『アガメムノン』以来の林洋子さん、それに西井、古山、加村といった常連が健在だしね。新しい参加者として、大方斐紗子さんが出て、次の第七回の『ヘラクレス』にも出た。林さんは、その次の第八回『ペルサイ』にも出る。西井さんも古山さんも出演してるから、『ペルサイ』までは、俳優陣は、断続的だけど、つづいていると言っていい。

石井　ぼくなんかは、それらの公演とは、ほとんど無関係だったから、さっき言われたように、ギリ研の活動で意識にのぼるのは、やはり久保さんの演出までですね。

『トロイアの女』ヘカベー（右、林洋子）、カッサンドラ（左、北川恭子）

『ヘーラクレース』舞台

松川　ただ、この第三世代の主力だった人たちには、なぜか若くて他界してしまった人が多いんじゃない？

毛利　なるほどね。ぼくがアメリカから六五年に戻ってきたときには、研究会はやっていたけれど、かつての知ってるメンバーはほとんどいなかった。

石井　スタッフのリスト一覧をみると、『アガメムノン』以来、中心スタッフとしてつづいているのは、作曲の新徳さんだけじゃないかな。

毛利　そうだね。ぼくが戻ったときにはいたかどうか、ちょっと思いだせないけど、次の六六年に『バッコスの女たち』を演出したときには、作曲は新徳じゃないんだよ。

『ペルサイ』アトッサ（林洋子）

中澤　ぼくは、もう、とうにギリ研とは縁が切れていたはずなんだが、こうして昔のことを話そうとして集まるのに、のこのこ来てるというのは、やっぱり初期ギリ研の圧力の強さなんでしょうね。

毛利　ぼくは、日比谷最後のギリシア悲劇野外劇として第九回公演をやったから、そこまでは正統的なギリ研活動と思ってるけど、一般には、そう映ってないかもしれない。

石井　でも、日比谷の野外音楽堂でやったという意味では、君までは、たしかに正統的だよ。そのあとは、場所が違うだけじゃなくて、全体の体制が同じじゃないでしょう。

毛利　だけど、ぼくのあとの二回も、さっき言ったように、やはり東大ギリシア悲劇研究会の公演なんでね。

【第九回公演『バッコスの女たち』】

毛利　ぼくがアメリカから帰って、次の年に演出した第九回の『バッコスの女たち（バッカイ）』（一九六六年）のときは、制作チーフの中鉢（秀一）も神山（祐輔 2012.9.15. 没）も、それまで知らなかった顔だった。田村徹夫も、以前からいたらしいけど、会ったのははじめて。仮面制作の大沼（信之）も初対面だし、知ってるメンバーはだれもいなかったと言っていい。それでも、研究会が継続していたのはうれしかったね。久保さんがいらっしゃらなくても、加村が出てこなくても、わたしが研究会をひっぱっていくという心づもりで、次回公演の演出を引き受けて、エウリピデスの『バッカイ』を強力に押した。

伊藤　そのときは、毛利の身分はなんだったの？

『バッコスの女たち』舞台

毛利　六六年四月からまた大学院に戻ったんだけど、ろくに大学に出もしないでギリ研に入れ込んだというのは、学部のときと同じだったね（笑）。細井さんは、たしかもう東大新聞研究所の助手になっていたし、久保さんは西洋古典学教授として忙しかったから、ギリ研に出てくる余裕なんかなかったでしょう。

松川　『バッカイ』を選んだのはどうして？

毛利　アメリカで読んで感心した覚えがあったからだと思う。向こうで、ギリシア悲劇を近代劇のように人物中心で解釈するのはどうも違うんじゃないかと思い始めて、三大悲劇詩人のそれぞれ最後の作品が、不思議な作り方をしているのに興味を感じてた。特に、近代劇的に見られる傾向があったエウリピデスが、最後に『バッカイ』みたいな奇跡劇風の作品を書いたというのにね。だから、古代ギリシア悲劇の様式復元として、野外劇、仮面劇、コロス重視ということはやって来たから、こんどはその仕上げとして、かつてのように、男優だけによる三人俳優制でやる、コロスも女性の役だが男が扮するというのを試みたんです。これは仮面をつけるから、ほとんど問題なくできた。ただ、俳優やコロスは大変だったでしょうけどね。

松川　コロスは、松山バレエ団の人たちでしょ。リストの最後に清水哲太郎の名前がある。

毛利　松山バレエ団は、石田種生さんがまだいたから、振付を頼んで、出演者もバレエ団の男たちを集めてもらった。十四人。あそこのバレエ団でも、そんなには男の踊り手はいないでしょう。だからまだ若い清水哲太郎まででかりだされたんじゃないか（笑）。

伊藤　彼は、バレエ団の主宰者の清水（正夫）さんと松山樹子の長男でしょ。一九四八年生まれだから、六六年には十八歳。末席は当然だ（笑）。

毛利　なにせ、プロのくせに、みんな、あんまり下手なんで驚いた覚えがある（笑）。まあ、ろくに稽古する暇もなかったのか、激しい動きを要求したせいもあって、石田さんの振付を覚えられない。それとも、石田さんが忙しくて暇がなかったのか、本番のときに客席の最前列の真ん中前に、ちょっとした囲いを作ってくれと言われて、そこに石田さんが隠れて、懐中電灯で、コロスの動きの指揮をするんだよ（笑）。それで、コロスが大きく足をあげると、ひらひらの衣裳が舞い上がって、男の脚のすね毛が丸見えになるんだ。観客が笑っちゃう（笑）。でも、いわば初めての演出だったんで、ものすごくしんどかったけど、実に面白かった。

『バッコスの女たち』コロス

石井　ほかの俳優はだれだったの？

毛利　あとの二人は、新人会の維田修二と俳優小劇場の多田幸雄。ぜんぜん知らない役者だったけど、どちらもそれまでに一度ギリ研に出たことがあったんで、そのつながりだったと思う。だから、ある意味で、学生演劇の領域から出ていたと言えるでしょう。作曲は確か芸大だったか、木村雅信という人。合唱は東京合唱団かな、指揮はこれも芸大の中島恒雄という人だったけど、コロスの歌の録音をするときに、合唱団の人たちが楽譜を初見で歌って録音するので、さすがプロだと感心した覚えがある。中島さんはその後、山梨大学の音楽科の教師になって、わたしにオペラの演出を頼んできたことがあってね。これも楽しかった。ともかく、『バッカイ』のときも作曲がなかなか出来上がらなくて苦労した。木村さんのアパートに押し掛けたことがあったけど、中に入ってもだれもいない。変だと思ったら、押し入れに隠れてた（笑）。

松川　『バッカイ』の翻訳はだれだったの？

毛利　ぼくが自分で台本を作った、英訳をもとにして。パンフでは、それまで通り、ギリ研訳となってるけどね。一応オックスフォード大学から出てるギリシア語の注釈本も買いましたよ。もちろんギリシア語は読めないんだけど、注釈が役に立った。

松川　それで、『バッカイ』の公演の後に、毛利さんはノルウェーに行っちゃうのよね。

石井　そこで、ギリ研も一巻の終わり、ということだ。

毛利　その後ぼくは、いささか無責任だと思いながらも、ギリ研は念頭からなくなってしまった。でも、そのあとの連中も意気と意欲は大いにもっていたんだよ。だから、それなりの努力をして、あと二回、曲がりなりにもギリ研の公演がくるわけだ。その中核になったのは、ぼくのときに仮面を作ってくれた大沼だった。

ギリ研最後の二つの公演

【大沼信之に聞く】

毛利　君がギリ研に入ったきっかけは、なんだったの？

大沼信之　きっかけは『ヘラクレス』の公演なんです。静岡高校の三年生のときに、静岡の新聞に、東京大学ギリシア悲劇研究会というのがあって、その公演が、日比谷野音であるということが、小さい記事でしたけれども、載ってたんですよ。その頃もう、ギリシア悲劇って聞いただけで「うわあっ」と心を惹かれる感じでいましたから。

毛利　ギリシア悲劇に興味を持ったのは、どうして？

大沼　芝居が好きでしたから、そういう意味で、演劇の最初というので興味を持ってたんです。でも、そのとき読んでたのは、そうだな、『オイディプス』とか、大した数じゃないんですよね。学校の図書館で読んだんです。

毛利　翻訳で読んでたんだ。あの頃の翻訳というと、何が出てたかな、人文書院の全集はもう出てたっけね、そういえば。

大沼　それで、ギリシア悲劇の公演があるっていうのを新聞で見て、これはもう絶対見に行かなくちゃと思って。で、わざわざ静岡から、野音へ。

毛利　ということは、むしろ芝居の関係でギリシア悲劇に興味を持ったという。

大沼　そうですね、その前から歌舞伎や能は好きで見ていたし、ミュージカルも見ていました。だけど、やっぱりギリシア悲劇っていうのは特別なものがありましたね。何て言うか、神秘的？　宗教的？　古代ギリシアっていうのに何よりも惹かれていました。別の点ではギリシア悲劇はストレートプレイとは違った、いわばミュージカルの先祖みたいな面がありますよね。音楽と踊りが入った、そういった芝居が好きだったんです。見に行ったのは、高校三年で、大学は翌年の六五年入学です。なんか口はばったい言い方ですけど、ギリシア悲劇研究会に入るために東大に入ったみたいなとこがあるんですよ、ほんとに。だから入学したらすぐにギリ研に入った――一年のときから。そのぐらい惹かれてた。

毛利　それじゃギリシア語もやったわけ？

大沼　少しはやったんですけど、それほど古典専門には思ってなかったんですよ。

毛利　じゃあ研究に進むっていうよりは、むしろ実際的な方に――

大沼　そうです。で、ギリ研に入って、駒場の裏の吉岡先生の研究所でやっていた研究会、その研究会には毎回出ていました。でもそのとき、毛利さんはいらっしゃらなかったと思う。

毛利　わたしはアメリカに行ってたから――

大沼　細井さん、田村さん、それから青山さん、当時は高橋さんか、そういうメンバーでしたね。神山さん、中鉢さんもいました。

毛利　神山、中鉢の二人は、文学部なのに、あとで両人とも司法試験を受けて弁護士になるね。でもギリ研は、基本的には本郷に来た人が入る感じだったと思うんだけど、結局君は美学に行ったんでしょ。

大沼　そう。美学も、最初から行きたいと思って――

毛利　そうすると、君の年に美学へ行ったのは、ギリ研では他には誰がいた？

大沼　美学では同期の川島千明がギリ研のメンバーになりました。その後、佐野博彦も入っています。手島兼輔は西洋古典でした。われわれのときにギリシア語を翻訳してたのは手島ですよ。

毛利　君は『ヘラクレス』の次から参加っていうと――

大沼　一年のときの『ペルサイ』。田村徹夫さんが演出で。入ってすぐに、なんか使いっ走りみたいな、雑用係でね。仮面づくりの手伝いもしました。六五年ですね。この年に、毛利さんには、吉岡先生のところでお目にかかったことを覚えてる。

毛利　そうそう。わたしは六五年の秋に帰国したから。あのとき君はもう美学に入ってるんだとばかり思ってたけど、じゃあまだ駒場で一年生だったのか。中鉢と神山が中心になっていて、次の年は『バッカイ』にしようってわたしが言い出して、君には仮面を作ってもらったんだよね。だけど、君はその前の年から仮面をやってたんだ。

大沼　『ペルサイ』のときに、ちょっと手伝いをしたので、作り方は一応知ってました。

毛利　まあ『バッカイ』のときのことはね、わたしの演出だからいろいろあるんだけど、一番聞きたいのはその後のことでね。

【第十回公演『救いを求める女たち』】

毛利　『バッカイ』が終わってからわたしはノルウェーに行って、戻ってから、君と神山と三人で伊豆へ、半分徒歩旅行みたいなことで行ったね。あれは六七年か――わたしが成城大学に赴任してからだったと思うから、その夏だよね。

大沼　ええ、そうです。六七年の八月ですね。

毛利　それで、六七年にはなんでギリ研公演が出来なかったのかなあと思うんだけど、私の下宿に何人か来て、相談したこともあった。やはり、ちょっと無理だってことになったんだよね。あれは人がいなかったのかな。それで、二年間ブランクがあったでしょ。もうこれでおしまいかという感じもしてたんだけど、二年たって――六八年か

『救いを求める女たち』舞台

――田園コロシアムでやった。このとき、君は何をしたの。

大沼　私はね、コロスの振付ということになってるんだけども、演出になってた神山さん、あんまり演出しないから（笑）、振付って言いながら、ほとんど私が演出もやってたような気がする。

毛利　じゃ、振付は外の人に頼まなかったんだ。

大沼　頼まなかった。全部自分たちでやる、学生でやるっていうのがあのときの重要事項だったから、頼んでないですよ。音楽も音楽美学専攻だった川島千明が作曲したんです。極力ギリシアに近いものにするっていうんで、ハープとフルートと、それから打楽器、これだけでやったんです。なかなかいい曲でしたね。それから装置は川島平七郎ですが、彼は建築の大学院生でした。翻訳は手島兼輔で、ギリシア悲劇研究会訳です。全部自分たちでやろうって。コロスも東大生で。まず神山さん自身（パンフには丘沢こうたろうのステージネーム）、それに手島と私、安村通晃、西村善文、五十嵐文彦。

舞台稽古風景

毛利　君らみんなが出演もしたわけか。

大沼　そうです。それがあのときの重要課題。ギリシアでは一年間、普通の市民が訓練をしてコロスになったというのを再現しよう、というのが一番の課題だったから、歌も踊りも訓練したんですよ。それで、コロスの長だけは内藤秀徐さんという、獨協大で芝居をやっていてせりふの出来る人をいれて。要するにギリシアの昔のように太陽の下、野外で男がコロスをやる――コロスは救いを求める女たちなのですが――それを再現するっていうのが主眼でした。

毛利　あれは、ギリ研で、唯一昼間やった例だからね。あれは大変良かったと思ってる。

大沼　それとマイク使わないですんだでしょ。

毛利　あそこは環境がよかった、都心じゃないから。まあまあ聞えたんだと思う。それにあの芝居は、主役がむしろコロスだから。

大沼　そうです。

毛利　だからコロスとして出演した中で君を含めて四人がパンフでコロス論を書いているね。久保さんも、コロスが主役なのはいたずらに古風をてらったのではなく、民主制アテナイの新しい時代の反映だとも考えられると書いておられる。それで人物の方は誰がやったの？　外に頼まなかった？

大沼　みな学生で、獨協の吉田恒雄が第一俳優でダナオスと伝令の一人二役。あと第二俳優として早稲田の小森光男が王様をやった。昔通りの二人俳優ですね。

毛利　そういう当時のやり方を再現しようというのは誰が言い出したの？

大沼　それは、やっぱり神山さんと私。だってもう、あの野音でやるような、なんて言うか、勢いというか力はなかったですから、あのとき。そうすると、もう一回、原点からやろうと。だから大規模じゃなくて、何でもとにかく自分たちで、ギリシアの市民になったつもりでやるっていう考えだった。

毛利　わたしの演出した九回目までに、昔のように仮面劇で三人俳優制をとったりしたけれど、ある意味では、だんだんプロ的になって行った、プロの役者たちも呼んで。それをもう一回素人に戻そうということだったんだね。

大沼　そうです。自分たちで、下手でもなんでも、集団生活をして、それで、歌と踊りの祝祭みたいなのやろう、ということでした。ですから合宿を何回もやりました。

毛利　合宿まで？　どこでしたの？

大沼　東大の寮があった山中湖とか――それから我孫子に古代ギリシア史の村川（堅太郎）先生の別荘があって、西洋史にいた制作の毛利晶たちがお頼みして、そこを借りたんです。泊まり込んで、そういうのが楽しくて、結構やってたんですよ。

毛利　まあ、学生同士だったら、そういうこともできるね。ということは二年おいているから、君はもう四年だったんだね。

大沼　そうですね。神山さんは留年したのかな、文学部でしたけど司法試験受けると言って――

毛利　それで、われわれまでの世代はほとんどいなくなってたわけでしょ。だからほとんど知らないよね君たちは。まあ、何となくつながりはあったように思うんだけど、わたしはもう成城大学にいて、いろいろ大変だったこともあってね。だから、二年おいたってことは、かなり時間をかけて準備したってこと？

大沼　そうです。いろいろなことに、もの凄く時間をかけました。上演前の試行錯誤、そんな感じでしたね。

毛利　じゃあ、消滅したギリ研をもう一回復活するというのではなかった。

大沼　復活したつもりはないですね。継続してると思ってましたから。

毛利　まだ研究会はやってた？

大沼　翻訳台本をつくるまでは、読書会を何回もやりましたけれど、あとは上演のための準備という感じでした。

毛利　あのとき、わたしも成城の学生を連れて観に行ったんだけど、やっぱり昼間でなくちゃだめだとつくづく思った。コロスが素人で下手でも、男が女役をやっていて衣裳がひらひらして脚が出ると男の脚だとわかって客がみな笑っちゃうんだけど、それがちっとも邪魔にならない。これがギリシア悲劇だと非常に感心したんです。だからよくやったなあと思ってたんですが、そうすると――基本的に何が一番大変でした？

大沼　大変なことといえば、まず上演する場所の確保ですね。田園コロシアムはテニスコート場ですが、観客スタンドが階段状になっていて円形劇場に似て、音響がいいんですよ。声が生で通るんです。それで東急にお願いしたのですが、よく貸してくれたと思いますね。交渉に行ったのは、私じゃないんですが、とにかく交渉して、借りられることになったんです。そこはやっぱり大変でした。稽古の期間も入れて一週間、あのころ東急がよくあそこを貸してくれたと思います。

毛利　あのころ、田園コロシアムは、そんなに流行らなくなっていたということもあるんだろうけどね。

大沼　そうでしょうけれどね、それにしても。

毛利　その貸し賃というか、お金がかなりかかったでしょう。

大沼　それもやっぱり学生割引

田園コロシアム『救いを求める女たち』

で（笑）、そうじゃないとできませんでしたから。あの頃はまだ、学生に対するそういう特別ななにかがあったんですね。

毛利　でも、予算としては切符を売って賄おうとしたわけ？

大沼　それはそうです、切符を売って賄いました。経費はできるだけかからないようにしましたけれど、切符の売り上げはあったんです。何しろ大きな会場で、三日間やりましたから。十一月一、二、三日と。

毛利　ああそうか、いつも初夏にやってたのが、秋になったわけだ。だから二年半、間があったということか。三日間やってどのぐらい入ったか覚えてない？　客席の半分ぐらいしか入れない作りだったよね。

大沼　そうですね。こっち側は舞台だったし。

毛利　前もってみんなが、少し出資してやったってこと？　準備金がいるでしょ、やっぱりそれなりに。

大沼　出資はしていません。前のギリ研の残りがあったんじゃないかな。制作の毛利晶が会計をやってたけど、聞いたところでは、はっきりした記憶がないようですね。

毛利　そうか、神山は、わたしのときには制作をやってくれてたから、それで、つながってたかもしれない。そうすると、準備で非常に苦労したとか、印象に残ってる苦労話みたいなのはありますか。

大沼　あまり苦労というのはないです。大変なことはあったけど、特別な苦労はない。——初日の昼頃に物凄い雨が降って困った。でも開演までには上がったんですよ。そのときにコートにたまった水を、処理するのは大変だった。

毛利　あれは昼間だから照明はいらなかったんだね。だから雨が降ったって、できないことはないんだ。それに、あの公演は、ＮＨＫに出たんだよね。

大沼　そう。あれ、いつだったでしょう、分かりますか。

毛利　そうだね、ＮＨＫで調べればきっと分かると思うけど、わたしが、解説をしたんですよ、あのとき。後で、それを八ミリのフィルムに直しますかって言われたんだけど、八ミリに直したって、映写機持ってるわけじゃないし、要りませんって断っちゃったんだよね。ほんとに惜しいなあと思ってね。結局『アンティゴネー』も『ピロクテテス』もＮＨＫに出たのに、どっちも記録が残ってない。ＮＨＫも持ってないみたいでね。あのときは、誰がＮＨＫと交渉したか、どういうきっかけでＮＨＫに出たかは覚えてない？

大沼　私は毛利さんがきっかけだと思っていたんだけど。毛利さんがＮＨＫでギリシア悲劇の話をして、われわれが、そのビジュアルとして出演したと。われわれがＮＨＫに売り込んだ記憶はないです。

毛利　そうかもしれないね。それでわたしが解説をしたのかなあ。もう細井さんも久保さんもいないっていうこともあって。そう言えば、あのとき、解説の内容のことで、久保さんに電話してお聞きしたことを覚えてる。

【最後の第十一回公演『テーバイ攻めの七将』】

毛利　そして、『救い─』が終わって、また二年経ったんだよね。

大沼　そうです。それから、また続けるのが難しくなっちゃって、それこそ消滅かってことになったんですよ。神山さんももうその頃は司法試験があるので手を引いちゃって、残ったのは私と『救い─』でコロスをやった五十嵐、安村、西村とかで、もうほんとに消

『テーバイ攻めの七将』舞台

滅かと思っていたときに、翻訳をしていた手島がアイスキュロスの『テーバイ攻め』をやりたいと言い出した。やっぱり消滅させるのはあまりにも申し訳ない、じゃ、これをやろう、小規模ででも、と『テーバイ攻め』をやることにした。今度はいっそ、狭い空間の中で、アイスキュロスの重みのある言葉を存分に聴かせるようにしようということになったわけですよ。それで選んだのが千代田公会堂。狭い空間でしたね。そしてコロスはもうわれわれではできない。『テーバイ攻め』のコロスは女性でしょ。で、こ

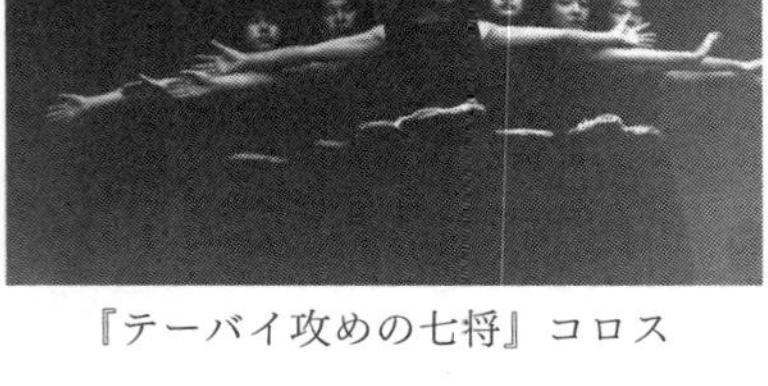

『テーバイ攻めの七将』コロス

れは男の世界との対比として、ほんとに女性がいいんじゃないかということになり、それで、東京女子大のギリシア文化研究会に働きかけたわけです。結果六人の東女の学生がコロスに出てくれることになりました。コロスの長は上智大の小林千枝子さん。ぜんぶで七人でした。

毛利　そうか、それで二年後にやった——

大沼　例の東大紛争で、授業は閉鎖中でしたから。授業がなかったからまたやろうってことになったのかも——入試さえ中止になったあのときですからね。授業もいつ再開するか

分からなかった。

毛利　結局はその第十一回でおしまいになっちゃったんだけど、君のあとは、後継者がもういなかったんだね。君たちまでかろうじて続いたということだったんだ。

大沼　そうですね。

毛利　でも、われわれそれぞれまでの会員は、君たちの二回は全然別のような感じをもってる。

大沼　それはそうでしょう。日比谷の野音を考えれば、全然違うものですよ。でもやっぱり、日比谷の野音はもう無理でしたね。

毛利　今日の話を聞いてみると、やっぱり田園コロシアムでなきゃできなかったし、次は千代田公会堂でないと、と思うね。しかも、それはそれなりの成果をあげてた。最後のときには、もう完全に君が中心だったわけね。

大沼　そうですね。

毛利　それで君は、演出をして、仮面は使わなかった？　よく覚えてないけど——

大沼　仮面は絶対必要と考えていましたから、役であるエテオクレスや使者や娘達には使いました。ただコロスには使わなかったんです。

毛利　女性が出たっていうことは、使う必要がなかったってことだ。そうすると、周りのスタッフも、一応、揃ってはいたわけ？

大沼　うーん、揃ってなかったですね。照明家がいるわけでもないし。衣裳の専門家もいない。困ったのは音楽で、前回作曲をした川島が卒業して仕事をしていたからあまり時間を割けなくて、ほんとにしょうがなくて私がやったんです。それでも間に合わなくて最後のエクソドスは芸大の作曲科の水野勉さんにお願いしました。演奏は東大オケの録音ですよ。水野さんは前衛的な音楽でね（笑）。

毛利　公演は何日やったんだっけね。

大沼　二日間三回公演です。初日は夜一回やって、翌日が土曜日で昼夜二回。

毛利　全部で三回か、切符は売ったんでしょ。

大沼　売りました。

毛利　わたしがギリ研に入った頃は、切符売るのが大変だったんだけど、『救い――』や『テーバイ攻め』は、どうやって捌きました？

大沼　いや、苦労は同じでしょうね。あの頃も「ぴあ」とか、そういうプレイガイドみたいなものはほとんどなかったし。

毛利　田園コロシアムは遠いし、お客さん、よく三日間集まったね。

大沼　あそこは、そんないっぱいじゃなかったですよ。何しろ会場が大きいから、まばらでした。でも数としては結構入ったんです。

毛利　私も学生を動員したし、そういうのはあったとは思うけどねえ。そして千代田公会堂は、あれは何人入った？

大沼　席が三、四百席ぐらいでしょ。そんなに入ってないけど暗くしたから分からない（笑）。とにかくアイスキュロスのあの重い言葉をじっくり聴かせようというんで、暗くしちゃった。

毛利　その、言葉を聴かせるっていうのに、プロではもちろんなくても、学生演劇をやってた人はいたわけ？　君は演出のとき、どういう風にしゃべらせたの？　室内だと、普通の芝居のやり方と変わらなくなっちゃうんじゃない？

大沼　朗誦っていうかな、アイスキュロスの言葉がしっかりと伝わるように、とにかく声が良くて、通るように稽古しましたね。特には使者の丸山哲矢とエテオクレスの岡本隆生にはね。言葉がつくりだすイメージが命の芝居ですからね。

毛利　コロスは動かしたわけね。わたしは、観たのは確かなんだけど、ちょっと舞台の記憶があんまり残ってない（笑）。コロスは、オルケストラがないところで、歌いながら動いたわけでしょ。歌は録音だったの。

大沼　私の振付は、だいたいギリシア風、壺絵などのイメージからですね——それで歌いながら録音とかぶせた——

毛利　あ、そう。録音は、出るみなさんが録音したんですか？

大沼　いや、芸大の声楽科の人たちに頼んで録音しました。コロスの人たちはそれにかぶるようにして歌ったんです。水野さんがつくった曲はちょっと難しかった。

毛利　それなりの苦労はあったんだね。稽古っていうか準備にはどれくらいかけたの。

大沼　夏に衣裳合わせをして、九月には稽古をしてましたね。やはり二カ月ぐらいです。稽古場は本郷の第二学生食堂の上の一部屋を使っていた。そこで稽古しましたね。

毛利　二年間ブランクがあったその間、ずっと準備してたの？

大沼　まず、できるかできないかで一年。それで、やろうということになってからが一年ですね。

毛利　アイスキュロスを最終的にっていうのを、手島が言い出して、みんなが賛成したというのは——

大沼　みんなの中にアイスキュロスびいきみたいなものがありましたね。私もアイスキュロスですよ。神山さんもそうだったと思う。ギリシア悲劇としては、一番古い形というふうに考えられるでしょ。そういう古いものをやりたいというのがあって、それで『テーバイ攻め』になったんです。『オイディプス』などとはまた違って、なにかわからないけど惹かれる、みたいな——

毛利　三部作の一つだからね。アイスキュロスは『プロメテウス』以来、ずいぶんやっているから、あと残ってるのは『テーバイ攻め』ぐらいしかなかったのかな。こんな難しい不思議な作品をよく選んだな、と思った、あのとき。

大沼　逆にそういうのに惹かれた、みたいなところがありました。

毛利　それで『テーバイ攻め』には、何か反応というか、室内でやったことに対しては、何か――

大沼　いや、もうそういう反応すらなかった。やっぱりギリシア悲劇とかギリシアに対する関心が、日本の中でなくなってきていたように思いますね。

毛利　やったのは大学紛争真っ直中、日本中の大学で騒いでた頃だから、そういう意味でも、悠長にギリシア悲劇なんか、という雰囲気はあったかもしれないね。

大沼　そうですね、とにかくギリシアについて関心持つ学生は少なくなってた、全般的に。

毛利　ただ、ギリシアに対してはどうか分からないけれども、ギリシア悲劇の上演は、その後七〇年代には、いわゆるプロの連中が始めだすんだよ。七一年にはもう冥の会ができてギリシア悲劇を上演し始めてる。われわれの真似をしてるって怒ったんだけど。能楽師とかも加わって始めた会ですよ。

大沼　そういえばそうですね。

毛利　その前には渋谷の喫茶店で新劇の劇団が『オイディプス』をやってるし、やがて鈴木忠志の『トロイアの女たち』などにつながっていく。

大沼　だから、全然なかったわけじゃないんでしょうけれど、学生の中でそれをやろうっていうような雰囲気が薄れてきたのかな。そうですね、確かに、いわゆる演劇とか、伝統演劇とか、そういうのが――

毛利　学生の中ではもう、何かそんなことに一年も二年もうつつを抜かして、というような感じはなくなってたかもしれないね。そういう意味では君たちが最後だったのかもしれない――

大沼　そうですね。

毛利　それで最後に、もう一度どうしてもやろう！と思ったわけね。最後に室内でもいいからやりたいと――

大沼　室内でもいいからというのではなかったなあ。やっぱり野外でやりたかったですよ、野外でね。それは今でも思います。気持ちとしては日比谷の野音でやれたらベストですよ。だけどあそこはすり鉢が浅くて音響が悪い。声が通らず周りがうるさい。だから、ギリシアのように深いすり鉢型の劇場が、静かな野外にないと駄目だなとつくづく思います。青空の下でやりたくても、東京にはないですよね。それで地方で劇場を造る話があるたびに、「円形劇場できる？」って聞くんですよ。以前小豆島でその可能性がちょっと見えたんだけど、実現に至らなかった。いまでも野外に劇場を造りたいと思っています。小豆島に本格的な野外円形劇場を造るという夢は今も捨てていません。

付記

この思い出全体を改めて見てみると、いわゆる《ギリ研》第二世代の話が中核になっていることに気づく。それは、編集したわたしが、この世代に属するからというよりは、第二世代が、前後の世代の活動をもっともよく眺めることのできる立場にあったからではないだろうか。ただし、第六、七、八回公演についての回想が比較的薄くなっているのは、わたしが日本を留守にして、直接に接することがなかったことにもよるが、これらの公演を支えたここでいう第三世代のメンバーに、すでに他界したものが少なくないことも理由になっている。だが、全体の公演活動を振り返ってみると、第五回までは、そのつど新しい上演方法を試みることで、古代ギリシア悲劇の様式的復元を目指すという当初の目的に向かっていたのに対し、これら中間の公演では、むしろそれまでの蓄積を再確認して、先に進む目安を与えることを目的としたように思われる。それによって、最後の第九、十、十一回公演で、ふたたび、それぞれに革新的試みを行なうことが可能になったとも言えるだろう。

とまれ、いずれの公演も、若い情熱のすべてを傾けた活動であったことに違いはない。（毛利三彌）

演（第6～8回および第11回公演を除く）の写真集（コピー・仮製本A4判冊子1冊）が入っている。これは同アーカイヴ創設者の一人であるOliver Taplin教授が2010年6月に来日され東大で講演されたさいに、「ギリ研」旧会員（Y. & A. Hosoi）から贈呈したものである。同アーカイヴの公式サイト（http://www.apgrd.ox.ac.uk/research-collections/performance-database/productions）における当研究会の英文名称は〈University of Tokyo, Greek Tragedy Study Club〉となっている。

（細井敦子）

大学・大学院・学校関係：東大（文学部美学科・仏文・国文・哲学・西洋古典・言語・西洋史・国史、教養学部、理・化学、工・建築）、お茶の水大（保育科）、東京芸大（作曲科）、日大（演劇学科）、早大（独文・西洋史、法）、法政大（経）、桐朋学園音楽科、立教大（文）、郁文館高校、国立音大（作曲科・声楽科）、跡見学園短大（生活芸術科）、成蹊大（工）、国際基督教大、東京声専音楽学校、東外大（英文）、明治大（文）、東海大演劇部、獨協大（独文）、文化服装学院、東女大（心理、英文、日本文）、上智大。

舞台出演関係：劇団仲間、松山バレエ団、新人会、三期会、青年座、俳優座、劇団俳優小劇場、俳協、民藝、舞台芸術学院、江口・宮舞踊団。

［編者注］

＊「会員および協力者リスト」においては、連絡用住所録を現有しない場合は、公演パンフレット、後年作成された「会員住所録」（1981.8.18 沼田哲・峰尾雅彦作成、1983.8.1 高橋廸子作成・全 75 名記載）とその補訂版（1990.4.28 大石英樹作成）および関係者からの情報提供によって補った。付記の「所属機関」については、公演パンフレット、研究会誌、研究会ニュース等に散在する記録と関係者からの情報が主な典拠である。いずれも年月の経過とともに事実確認が困難さを増しており、調査の不備とあいまって、加除補訂にも誤記や欠落が多いのではとおそれている。関係各位のご宥恕とご叱正を、心よりお願い申し上げる。

付記

「資料編」で言及した資料の原本および紙幅の都合で本書に記載しなかった資料（当時の新聞雑誌の関連記事等）は、「東京大学ギリシア悲劇研究会デジタルアーカイブ（20170401-20200331 科研費、研究課題「日本におけるギリシア演劇の受容と世界的発信に関する実証的総合研究」、研究代表者：野津寛　信州大学教授）に収録される予定。

また、オックスフォード大学の Archive of Performances of Greek & Roman Drama（略称 APGRD、1996 年設立）には、当研究会による公

緑郎、塩崎裕子、宿里睦子、杉森涼子、鈴木照子、関根佐保子、曾我部貞子、高取秀彰、多田幸雄、中鉢秀一、長谷川三春、藤井千晶、本間武俊、森住一彦、森安達也、山中廸子、横山禎徳、四茂野英彦。

S.40-45/1965-1970：（名簿・住所録現有せず）

第8回公演（1965）アイスキュロス『ペルサイ』（S.39-40/1964-1965）：大沼信之、光枝明彦、峰尾雅彦。

第9回公演（1966）エウリーピデース『バッコスの女たち』（S.40-41/1965-66）：木村雅信、久保田忠男、小泉博夫、関根悦子、中島恒雄。

第10回公演（1968）アイスキュロス『救いを求める女たち』（S.41-43/1966-68）：五十嵐ふみひこ、石川文子、小原郭靖、川島千明、川島平七郎、小森光男、手島兼輔、内藤秀徐、西村善文、松本多恵、毛利晶、安村通晃、吉田恒雄。

第11回公演（1970）アイスキュロス『テーバイ攻めの七将』（S.43-45/1968-70）：赤城宏子、円羽東代子、市川政憲、岡本多恵子、岡本隆生、小島礼子、小林千枝子、佐野博彦、月川和雄、服部園子、浜田都、原畑由美子、甫守マリ子、丸山哲矢、水野勉、山口邦彦。

付記：会員および協力者の所属機関（参加当時）

1957年4月の研究会創立から1970年10月の第11回公演に至る「東京大学ギリシャ悲劇研究会」の活動を支えた人々の数は上記リスト収録分だけでも250名を超える。第1回公演から60年を経た現在では、各人の当時の所属機関を明確にできない場合が多く、個人別にそれを記載することは、正確さと公平性を欠くことへの危惧から諦めざるを得ない。ただ、東大文学部の一学科に始まったギリシャ悲劇研究の活動が、その枠を超えて学内学外に大きく広がった事実は、やはりできるかぎり具体的に記録する必要があろうと考えて、この項を付記する。参加者の所属機関の名称は略称で、会の歩みの時系列を考慮した上での順不同となる。

磯崎厚子、海野光起、大石英樹、大内邦子、大沼忠弘、大野正子、岡崎悌、岡本光司、奥井民子、加藤晃、金杉輝子、兼坂夕美、蒲田邦子、川上真紀子、菅孝行、喜多村恒男、木村行宏、久久津美恵子、國方清子、熊沢咲子、桑名瞭子、小坂弘治、小林高之、小林玲、小平裕、斎賀久子、新徳盛史、鈴木初太郎、須田華子、高田一郎、高橋武雄、高橋廸子、高橋米吉、滝沢洋子、竹田桂子、谷崎繪里、築地美憲、土橋赳夫、時松克治、戸塚弘子、長阪彰子、中村政也、野口美沙子、林圭子、林光、平野知恵、増田容孝、三浦貞子、森田裕子、屋敷繁次郎、山口幸子、山田恒人、湯川豊、横江川欣也、吉井澄雄、吉澤正皓、渡辺重朗、和田俊子。

第4回公演（1961）アイスキュロス『アガメムノーン』（S. 35-36/1960-61） 1961.10.14 浅野勝正、今井啓子、大谷紀美子、桑原洋、小井戸光彦、小林玲、小平文子、酒井智子、坂根堅太郎、沢野照子、渋谷邦雄、鈴木利直、多田幸男、田村徹夫、仲山連作、西場洋一、早川光子、林重子、林洋子、福田晴虔、本多良樹、森川富代、渡辺修。

第5回公演（1962）ソポクレース『ピロクテーテース』（S.36-37/1961-62） 1962.4.20 飯田瑞枝、池田弘太郎、板橋憲明、維田修二、伊藤敦子、伊吹全、伊与木貴恵、岩田孝雄、大川共子、小川由美子、金仁三郎、川島重成、菊川雪江、菊池隆、日下円洋子、熊井雅子、小西宗十、小林治子、佐々木隆文、柴田弘之、鈴木孝子、高橋光隆、田中くにみ、中村光代、中山昇、沼田紀子、長谷川肇、浜ゆうこ、藤原秀典、松本貴子、真鍋厚子、丸田右子、明神聡、森谷正秀、森本馨、山口隆雄、山田秀男、山田孚、吉田勝正、吉田槙子、渡辺央。

第6回公演（1963）エウリーピデース『トロイアの女』（S.37-38 /1962-63）：（名簿・住所録現有せず）大方斐紗子、大沢薫代、熊谷素江、栗崎直子、菅紀子、須賀洋子、田上嘉子、徳永弘道、中川芳郎、沼田哲、長部重康、早川光子、森田真、山田智稔、吉田槙子、渡辺京子、渡辺園子。

第7回公演（1964）エウリーピデース『ヘーラクレース』（S.38-39/1963-64） 1964.12 ：新井和夫、今清水楊子、植野知佐子、岡倉淳子、可知正高、金井毅、神山邦子、神山祐輔、川野碩也、木原真由美、清島

Ⅶ. 会員および協力者リスト

東京大学ギリシャ悲劇研究会（1958年1月「学内団体」として正式認可された際の「会員名簿」は現有せず）には成文規約が無く、「会員」の規定も、「会費」の徴収（1957年7月開始、月額￥100）も十分厳密にはなされていなかったため、正式な「会員名簿」の作成は困難である。下記のリストは、研究会活動の必要に応じて不定期に作成していた、会員相互の連絡用住所録（枠内はその作成年月日）を主たる典拠としてその作成時以前の期間に会員・協力者となっていた個人名を記録している。リストの配列は準備期間を含めた各公演の年次順、各氏名は当時のもので原則として五十音順。退会は特記せず、重複をさけるため前回までの既出者は記さない。なお別項「Ⅱ.公演スタッフ・キャスト・劇場」（協力諸団体を含む）も併せて参照されたい。

第1回公演（1958）ソポクレース『オイディプース王』（S.32-33/1957-58） 1957.4. 創立メンバー：安倍寿、渋谷幹雄、中島貞夫、細井雄介、村木良彦、森村稔、山谷馨。1958.1.10 岡本弘正、加村赳雄、北川恭子、志田律子。1958.2.24 伊藤俊也、斎藤恒子、佐々木能理男、戸張智雄、中田幸平、早川正昭、藤木宏幸、松江陽一、渡辺蔚。1958.3.17 久保正彰、久保幸子、西井一志、福永能子、山本美恵子。1958.7 石井昭夫、塚部啓道、古山桂治、松川敦子。

第2回公演（1959）ソポクレース『アンティゴネー』）（S.33-34/1958-59） 1958.12.25 石内宣子、梶村文子、川池一男、斎藤啓子、須江誠、鈴木妙子、平野とき、細井徹、宮脇博、毛利三彌、山形衡。1959.4 会田精彦、石井栄子、中澤忠正、中島純司、成田光子、藤田徑子、三橋修、湯川昌明。

第3回公演（1960）アイスキュロス『縛られたプロメーテウス』（S.34-35/1959-60） 1959.4～1960.7 相沢璋治、荒井美三雄、石田種生、

第 10 号　1959.1.24.（B4 判 2 段 1 頁、作成：松川）：「1 月総会議事（原案）今後の活動方針：四分科会の発展的改編（第一『アンティゴネー』研究、全員参加。　第二「仮面、俳優等、ギリシャ劇特有の制約の研究討議」）、次回会合予定：2 月 3 月は週 2 回、4 月は週 1 回、5 月は全員が上演準備活動に全力を集中」など。「記録整備」のよびかけ。

第 11 号　1959.4.18.（B5 判 8 頁、作成：松川）：『アンティゴネー』公演準備のための「コロス歓迎・ギリシャ悲劇の簡単な解説号」コロス役の郁文館高校演劇部生徒に向けて作成：「前 6〜5 世紀略年表、アテナイの政治、ソフォクレス、ギリシャ悲劇の約束」、エッセイ：久保「海とけだもの」、当研究会の概略、参考書などを記載。

第 12 号　1959.5.10.（B4 判 2 段 1 頁、作成：松川）：「五月祭（5.23, 24）参加のプランについて」。研究会の企画：第 1 回上演の舞台衣裳や資料の展示、東大吉岡力教授撮影の『オイディプース王』公演記録動画の映写、高津春繁（東大）・遠藤慎吾（共立女子大）両教授による講演*。

第 33 回五月祭常任委員会決定の統一テーマ「帝国主義段階における日本社会の現状解明」に対するギリ研の立場の説明「常任委では理解されなかったが、こちらの展示活動には影響なし」等。

＊[なお講演会は諸般の事情により実現せず。映写した動画フィルムはその後行方不明。]

第 13 号および第 14 号：[現有せず。]

第 15 号　1960.7.（B4 判 2 段 1 頁、作成者名なし）「会員名簿 S.35 年 7 月」。[名簿のみ]

第 16 号以降：[発行状況に関する史料は現有せず。]

案。1口千円の個人寄付依頼先（候補者名）のリスト提出を全員に要請。

研究会活動：第1回〜第4回。上演稽古：3月12日より本読み開始。

第二次趣意書（学生部長の紹介文書とともに）印刷完了［前出「VI.1. 趣意書・公式紹介文書」の付記参照］。

第5号および第6号：［現有せず。第一回公演（1958.6.2.）前後の4月から6月までの期間に2回発行したはずであり、その間に担当者も交代したと考えられる。］

第7号　S.33/1958.7.10.（B5判8頁、作成：森村、松川）：会の責任者：伊藤。「四分科会：第一『アンティゴネー』研究（毎週月曜午後7時〜9時半、歴史教育研究所または久保宅。7月21日まで、以後夏休み）、第二「悲劇理論」（7月3日から隔週木曜、安倍宅）、第三「コロス研究」（毎週金曜、午後1時〜、駒場第二本館303室）、第四『アガメムノーン』研究（新3年生中心、毎週土曜午前10時〜、松川宅）の課題を掲げる四分科会の活動」各分科会責任者：加村、石井、中島、伊藤。会計：松川。

第8号　1958.11.22.（B4判1頁、作成：松川、石井）：「経過報告」：1）7月の総会で来年度公演の基本方針を確認、2）公演関係者への記念写真贈呈、3）分科会活動状況、4）会誌『ギリシヤ悲劇研究 1』創刊（11.27付発行）、「来年度公演企画案検討（アンティゴネー）」：人員配置、財政見通し（11.20.現在の収支残高￥59,762）、今後の活動日程（1月中まで作品の問題整理検討、1月末決定訳完成、2月中脚本印刷、3月より立ち稽古開始）、会員増強の要請など。

第9号　1958.12.25.（B4判1頁、作成：松川）：「台本印刷費に充てるため研究会誌創刊号の代金一月末までに回収予定」などのほか、「新入会員名簿」として11名追加（川池、毛利他）。

内容概略：

第１号　［現有せず。］

第２号　S.33/1958.1.10.（B5判４頁、作成：渋谷）：「報告と要望：脚本の決定稿完成、コロス作曲者の決定（早川正昭・東京芸大）、舞台監督募集。研究会費（月額100円）納入状況。パンフレット内容はほぼ完成、印刷へ。掲載広告集め要。学内団体設立届提出済、新年１月に正式認可予定。各自所有の研究資料、研究会用参考書のリスト提出要。」

第３号　S.33/1958.2.24.（B5判８頁、作成：安倍、森村）：「研究会の課題『オイディプース王』解釈、演出プラン検討。予算関係：20万円を上回る必要費用の調達手段検討、協力要請。上演脚本完成100部、印刷費￥8,000。会員には２部￥100、会員以外は１部￥100で配布。キャスト、スタッフの増員要。新入会員を含めた名簿再録。」

第４号　S.33/1958.3.17.（B5判８頁、作成：志田、安倍、森村）：総会（3月1日、於本郷「ルオー」2F）は、「研究会始まって以来の盛況」。仕事分担、予算案の大要、今後の活動予定、研究会のテーマ、雑誌（研究会誌）の発行が決まり、さらに偶然のであいによって東大大学院西洋古典学の久保正彰夫妻が「顧問」として加わることになり、新会員の参加も得て「会の基盤確立」（渋谷）。

予算案発表：「I. 研究会部門、II. 公演部門、III. 総計」から成り、I. では研究会雑誌発行「1,000部、［翌年］４月初旬発行、１部￥100」、「発行費用￥40,000」の財源としては広告料と雑誌販売分および研究会の個人会費を当てることを予定。II. では公演の会員券売上収入（＝チラシ＋入場券@¥100）（1,000枚印刷）は￥50,000と予定。広告料、脚本販売等の収入予定）と合わせても、上演諸費用合計￥176,000の予定支出には、外部からの個人寄付にも頼らざるを得ないとし、「外部個人寄付目標　￥150,000」で「III. 総計　収入￥265,000, 支出￥232,5000」の予算担当）および「第二次趣意書」（同・渋谷担当. 前項VI.1.3参照）と「寄付者メモ」（同・安倍担当）が現存。２冊（第五、第八）の分冊には自筆による個人名と寄付金額が記してある（計30名、￥39,000）が、「趣意書」と「寄付者メモ」（20名）には芳名のみが担当者によって記されている。これら４点の現有史料に残る寄付者数は、史料間の重複部分を除いて、計51名。寄付は「１口千円」で、史料には、１名で２口あるいは５口、数名で１口、という例も見られる。

これらの他に、百に近い数の個人および団体名を記したメモが１、２点あるが、これはおそらく寄付依頼の候補をあげるさいに、代表者が作成した覚書であろうと推定される。

第１回公演からちょうど60年の歳月を経た現在、散逸した史料中の芳名の方々へのお詫びと感謝をこめ、同じ感謝をもって、史料として残された芳名を次に記しておきたい（敬称略・五十音順）：

浅野正、雨宮恒之、有坂愛彦、家城巳代治、井澤淳、今泉篤男、岩崎昶、牛原虚彦、遠藤慎吾、大木正興、大田黒元雄、荻昌弘、小田抄太郎、男沢淳、樫村実、北川晴彦、稀音家六輔、草笛光子、串田孫一、木檜禎夫、小林勝、佐竹大通、澤村勉、清水晶、清水俊二、菅原太郎、杉正作、砂原博泰、田口丈夫、竹島節三、武本正義、司葉子、辻実、中野勇、名和根生、新関良三（ギリシャローマ演劇史刊行後援会）、根本松彦、花森安治、浜田栄、久板栄二郎、秀村欣二、平田昭彦、広瀬正和、福田達夫、福原麟太郎、藤原審爾、ぶどうの会（代表天野二郎）、三村伸太郎、宮川謙一、吉岡力、吉行淳之介。

VI. 3. 研究会ニュース「TRAGOIDIA」

研究会では、内部の連絡用小冊子「ΤΡΑΓΩΙΔΙΑ ／ TRAGOIDIA：ギリシャ悲劇研究会ニュース」（無料）を原則として月１回発行した。会員の寄稿・作成による手書き謄写版刷B4判またはB5判。第1, 5, 6, 13, 14の各号は現有せず、第16号以下の発行の成否は不明である。

なり、前記早川さんの作曲により三月末より練習に入ります。後、衣装・照明・装置等に関しましては著名劇団の関係者に御援助戴けることになっております。

最後に今度の研究発表の予算の大要は次の通りです。

五月祭展示	3,000	会場費	40,000
研究会雑誌（四月発行）	50,000	衣装	80,000
脚本印刷	10,000	照明装置	10,000
上演ちらし	10,000	その他	2,000
		計	205,000

四、お願い

以上で大体ギリシヤ悲劇研究会の大要は御理解戴けたことと存じますが、現在私達が第一に頭を悩ましているのは資金の問題であります。いろいろ検討した結果前記の如く約二〇萬円程の費用が必要となりました。そこで私達も一応会費その他アルバイト等によりその調達をはかりましたが、学校予算が殆どないので思うように参りません。そこで、まことに心苦しいのですが、諸先生方の御好意に甘えまして御援助を戴けないものかと考える次第です。何卒私達の実状をお察し下さいましてお願い申上げます。つきましては一口千円の寄附をお願い出来ましたら幸いでございます。尚寄附をして戴きました方には出版予定の研究会雑誌、ご希望の方には脚本そして五月上演の際に御招待申上げたいと存じております。

以上

昭和33年3月初旬　　代表者　渋谷幹雄（東京大学文学部美学科）

VI. 2．第1回公演寄付者芳名録

研究会が公演費用調達のため外部に寄付を呼びかけたのは、第1回公演のときのみで、「IV. 公演収支決算報告」の当該箇所に記したように「外部個人寄付総額」は￥57,000である。史料としては、当時の『賛同者御芳名録』の「第五分冊」（担当者未詳）と「第八分冊」（制作・森村

大学五月祭を目標にギリシヤ悲劇の「可能な限りの再現」を意図し、ソポクレース作「オイディプース王」をとりあげることにしました。諸先生方のご援助、他大学からの参加を得、各自の研究を主体に研究会をもってまいりました。上演台本も昨年を通じて英語版、独語版を中心にギリシヤ語原本等を参照して一応翻訳を完成させ、この二月には印刷も出来上がりました。そして三月に入り私達はここに具体的な上演計画を立てるにいたり先日第一次趣意書として、すでに各方面に発表いたしましたが更に具体的な案として、ここでまとめてみました。何卒御一読賜わり御意見御批判を戴ければ幸いと存じます。

二、私達への援助と励まし

昨年一年間の会の歩みにおいて、私達は多くの先生・先輩の方から暖い御援助と御指導をたまわりました。そこで、ここに簡単にそのことについて発表させて戴きお礼にかえたいと存じます。

まず私達の主任教授竹内敏雄先生の御理解と励ましを賜り、先日芸術院賞をお受けになった新関良三先生に御紹介も戴き、他東大教授呉茂一先生、高津春繁先生、講師佐々木能理男先生の御指導を戴きました。同時にその間、東大学生課、美学研究室もいろいろ御心配して下さいました。それから、これは実質的に会の顧問として東宝助監督松江陽一さん、劇団仲間中田幸平さん、仏文大学院現フランス留学中の戸張智雄さん、現大学院博士課程西洋古典学専攻の久保正彰さん、芸術大学作曲科早川正昭さん等に多くの御援助を戴き、私達はこれからも各先生方の御期待にそむかぬ様努力したいと思いますが、何卒御鞭撻下さいます様お願いいたします。

三、上演計画

現在、私達が立てております上演計画は大体次の通りです。上演日時は東京大学五月祭頃、場所は日比谷野外音楽堂を予定しています。脚本は前述の様にすでに完成しており、俳優もほぼ揃い三月より稽古に入っております。尚ギリシヤ悲劇の大きな特質であるコロス（合唱団）には東大学内音楽合唱団のコール・アカデミーの方々にお願い出来ることと

昭和 33 年 3 月 7 日

東京大学学生部長 斯波義慧（公印）

＿＿＿＿＿＿＿＿＿＿殿

ここに御紹介申上げる「東大ギリシヤ悲劇研究会」は、別紙「趣意書」の通り本学文学部美学科学生有志を中心とする純粋な研究団体でありますが、昨年春からソポクレースの「オイディプース王」を取上げ悲劇の本質を論理的に追求していくとともに本年五月には、これをかつての古代ギリシヤ円形劇場における上演と同様の仕組で日比谷野外音楽堂に復元して公開する予定をたて、各種の資料を蒐集検討し練習に入っております。これが実現されれば本邦初演ということにもなるので各方面から大きな期待を寄せられ学生達も張切って地道な努力を続けております。つきましては、担当学生が御相談に参上いたします折には何卒特別の御配慮を与えられ御援助御鞭撻下さいますようお願い申上げます。

趣意書　　　　東京大学ギリシヤ悲劇研究会

一、本会の目標と沿革

私達東京大学文学部美学科に在籍する有志で、ギリシヤ悲劇研究会を結成したのは昨年の四月であります。

ギリシヤ悲劇を私達が研究の対象としましたのは、ギリシヤの精神に接近できるという期待とともに「悲劇」の本質を究明したいためでした。あらためて申上げるまでもなく演劇としてのギリシヤ悲劇のもつ意義は御理解いただけると信じます。私達は昨四月以来微力ながらも研究をすすめてまいりました。そしてその過程において「ギリシヤ悲劇は舞台の芸術であり、上演をみてこそその真実相にふれることが出来る」という認識に達し、できるならば悲劇を実際に上演したいと考えるにいたりました。もちろん、そのためには種々の困難が存在します。しかし私達は、たとい完全なものは望めないとしても、まず第一歩を踏み出したいと思います。私達の歩みが今後の研究により、やがてよりよきものをつくり出すための踏石ともなれば幸いに思います。そこで私達は 33 年度東京

1964年4月14日付「趣意書」：研究会の主旨、歴史（5回の公演・「昨年11月には3度目の」NHK教育テレビ出演など）と本年の計画：会誌『ギリシヤ悲劇研究』第6号の5月発行予定とエウリーピデース作『ヘーラクレース』5月30日（土）・31日（日）日比谷野外音楽堂にて上演（B4判1頁　代表者　本間武俊）。

なお第2回公演にさいしては、「公文書」を補うために、公演に向けた研究会の活動を詳細に伝える手書きガリ版刷りの文書（縦書き）が出された。次の2点が現存する：

9）1959年「春も半ばを過ぎた」頃発行の「東京大学ギリシャ悲劇研究会第二回野外公演のおしらせ」。前項4）の「御挨拶」を補う説明。第2回公演の概要：日時、場所、会員券前売中、スタッフおよびキャスト、稽古進行状況、公演への海外の反響（Prof. Dr. W. Shadewaldt, Universität Tübingen からの祝辞）の他、「参考資料」としてギリ研の沿革、会員数「現在約30名」、第1回公演の経緯と成果、第2回公演の準備状況（資金面では今回は外部からの寄付に頼らず、会誌販売および会員券の前売りによる収入を予定）等を詳細に記述。（B4判4頁、作成者名なし、印字者　松川）。

10）「東京大学ギリシャ悲劇研究会及び次回［第2回1959年］公演について」。前項「おしらせ」とほぼ同じ事項を扱う。主要スタッフ、キャスト名も列挙。（B4判2頁）（発行年月日・作成者［毛利］名なし、「代表者　伊藤、渉外　毛利」）。

以上2点のほか、新会員募集のビラ「僕達はあなたを仲間に入れたい！」（日付なし、B5判1頁　伊藤俊也）1点を現有。

付記

研究会最初期の趣意書等の例として、以下に、前項2）S.33/1958.3.7付の学生部長（公印）の紹介文書と「趣意書」とを、原文のまま（但し縦書きを横書きとし、日付と金額表示を算用数字として）再録する。

して、「上演日時は6月2日月曜夕刻」、場所は「日比谷公園大音楽堂を使うことにし、同時に公開することにもいたしました。」予算は約18万円とみて、すでに「御賛同と資金面での御援助をいただ」いた方々（「4月15日現在30名」）の芳名を記載。前項と同様、寄付を願う。（B4判3頁　代表者　渋谷幹雄）。

4）S.34/1959年春付「御挨拶」：昨年6月の第1回公演と11月の研究会誌『ギリシヤ悲劇研究』創刊をふまえて、「可能な限りの様式的復原をもってソポクレース作『アンティゴネー』上演、S.34.5.30（土）、於日比谷野外音楽堂」を予告（B5判2頁　代表者　伊藤俊也）。

5）S.36/1961.4.付　東京大学学生部長 斯波義慧（公印）名の「貴校教職員、学生各位」に『アガメムノーン』観劇を推奨依頼する紹介文書（B4判1頁）。

1961年4月付「御挨拶」：過去3回の公演と研究会誌1〜3号発行をふまえて、「研究会員によるコロス」実現のアイスキュロス作『アガメムノーン』上演を予告（B4判1頁　代表者　吉澤正皓）。

6）S.37/1962.4.9付　東京大学学生部長 斯波義慧（公印）名の『ピロクテーテース』公演準備活動に関する紹介文書（B4判1頁）。

1962年4月9日付「趣意書」：研究会の主旨、歴史（4回の公演・「昨年12月2回の」NHK教育テレビ出演）、本年度の上演計画（5月26日（土）・27日（日）の日比谷野音に加えて6月5日（火）共立講堂での室内上演）を予告（B4判2頁　代表者　本多良樹）。

7）S.38/1963.1.30.付　東京大学学生部長 加藤橘夫（公印）名の『トロイアの女』公演準備活動に関する紹介文書（B4判1頁）。

1963年1月付「趣意書」：研究会の主旨、歴史（5回の公演・「一昨年12月には2回の」NHK教育テレビ出演など）と本年の上演計画エウリーピデース作『トロイアの女』6月1日（土）・2日（日）日比谷野外音楽堂（B4判1頁　代表者　大石英樹）。

8）S.39/1964.4.13.付　東京大学学生部長 長谷川修一（公印）名の『ヘーラクレース』公演準備活動に関する紹介文書（B4判1頁）。

VI. 研究会活動関連文書

1．趣意書・公式紹介文書

研究会では、公演ごとに、会の沿革や公演活動の趣旨を説明する文書を、研究会責任者の名で出していた。これらの「趣意書」は、東京大学学生部長による公式の紹介文書に添えられて、会員が学内外各方面に指導や援助を求めるさいに役立てられた。とくに第1回公演で数回にわたって「趣意書」が出されているのは、研究面と資金面（別項Ⅳ.「公演収支決算報告」参照）両方の援助を仰ぐ必要があったためである。

研究会では、「趣意書」8通、学生部長（公印）名の紹介文書5通を現有する。印刷は最初回1957年11月付が手書き謄写版（ガリ版）刷で後はすべて和文タイプライター印刷。1)～5）は縦書き、6)～8）は横書き。以下は各号の内容概略である。

1）1957年11月付「趣意書」：会の沿革と上演意志の表明。現況：来年度東京大学五月祭を目標に、ギリシャ悲劇の「可能な限りの再現」を意図し、上演台本（ソポクレース作「オイディプース王」）の原型完成と研究推進中。第1回上演に向けて専門研究者・学者宛に助言と指導、上演関係資料の教示や閲覧許可などを依頼（B4判1頁　代表者　渋谷幹雄）。

2）S.33/1958. 3. 7付　東京大学学生部長 斯波義慧（公印）名の紹介文書（B4判1頁）。

同年3月初旬付「趣意書」：会の沿革と現況、上演計画の細目（東大五月祭頃、日比谷野外音楽堂を予定、予算約205,000円）を記して一口千円の寄付を願い、寄付者に上演への招待と発行予定の会誌贈呈を約束（B4判2頁　代表者　渋谷幹雄）。

3）［1958.］4.20付「趣意書」：前項趣意書の「更に具体的なる案」と

付記

『ギリシヤ悲劇研究』発行部数：第1号1,000部。第2〜5号について発行部数変更の記録は無く、当初の部数が維持されたと考えられる。第6号以降は発行されなかった。各号とも献呈分（約200〜300部）を除くと大半が会員個人による頒布であるが、大学生協や書店への委託もあった。

1〜5号を1巻に製本したものが東京大学文学部2号館図書室に収蔵されている。

印刷：[記載なし]

5号（1963.7.15. 発行 . A5判 116 頁 . @130）**特集・ピロクテーテース**

◇上演写真　写真提供：吉岡　力

「ピロクテーテース」上演台本

…… ソポクレース作／ギリシヤ悲劇研究会訳

「ピロクテーテース」楽譜 …… 新徳盛史

ピロクテーテースに見る状況の悲劇 …… 小井戸光彦

仮面制作の出発点 …… 田村徹夫

ギリシア悲劇のコスチュームを巡って …… 高橋廸子

オデュッセウスの遺文 …… 加村赳雄

編集後記：長谷川　表紙：森村　稔

印刷：中央区銀座 5-5 茅野ビル T.（株）又新社印刷

付：協賛（各号への広告掲載・順不同）

1：東洋レーヨン・東洋紡績・筑摩書房・日本発音科学研究所・ボンナ・ルオー.

2：東洋レーヨン・東洋紡績・三共・日本麦酒・ラジオ東京・筑摩書房・好学社・大修館書店・白水社・福本書院・モリタ・キッチンビタ・ボンナ・ルオー.

3：丸善・万紀屋・東京堂・白水社・大修館書店・武田薬品工業・サエグサ・ヤマザキモード・上松絵具店・ルオー.

4：日立製作所・松下電器産業・帝国人絹・日本電気・シェル石油・八幡製鐵・味の素・日本ビクター・東京瓦斯・本州製紙・観光文化ホール・髙島屋・ASAHI EVENING NEWS・大修館書店・Ch. E. Tuttle 商会・棚澤書店・井上書店・上松絵具店・キッチンビタ・ルオー・白十字・ボン.

5：日本郵船・帝人・東洋レーヨン・こけし印缶詰・味の素・東京瓦斯・東京トヨタ・本田技研工業・日東紡績・日本レザック・人文書院・棚沢書店・井上書店・大修館・福本書院・又新社印刷・キッチンビタ・ルオー・白十字・ボン.

3号（1960.12.1. 発行. A5 判 122 頁. @100）**特集・縛られたプロメーテウス**

◇上演写真
「縛られたプロメーテウス」上演台本
…… アイスキュロス作／ギリシヤ悲劇研究会訳
演出ノートから …… 加村赳雄
付・衣裳ノート …… 松川敦子
「縛られたプロメーテウス」の問題について …… 松川敦子
假面の誕生 …… 高橋武雄
悲劇の背景―コロスについて― …… 久保正彰
ギリシャ大使館からの手紙 …… P. Synodinos
永遠に生きるプロメーテウス …… 細井雄介
来年度上演予告
後記：大沼　表紙：森村　稔
印刷：平市白銀町 50　三章堂印刷所

4号（1961.12.15. 発行. A5 判 160 頁. @150）**特集・アガメムノーン**

◇上演写真
「アガメムノーン」上演台本
…… アイスキュロス作／ギリシヤ悲劇研究会訳
付・パロドス楽譜 …… 新徳盛史　作曲
アガメムノーンの死―演出手帖からの断片 …… 高橋武雄
仮面の中から―コロスの長のレポート― …… 加村赳雄
悲劇を支える視点―コロス小論〈その二〉― …… 細井雄介
仮面衣裳アルバム …… 高橋廸子
悲劇の仮面をつくる―彫刻家の手紙― …… 高橋米吉
円形劇場の論理―オルケストラ漫歩― …… 久保正彰
古代悲劇と現代劇場―ドイツのギリシァ悲劇上演史によせて―
…… W. Schadewaldt ／久保正彰
編集後記：桑原　表紙：森村　稔

司会：久保正彰（大学院西洋古典学科学生）。

［この座談会は鵜飼宏明（編）『東京大学・学生演劇七十五年史』清水書院（1997）p.395〜400にも全文収録されている。］

「アンティゴネー」上演企画 …… 伊藤俊也

編集後記：伊藤俊也・石井昭夫・松川敦子　表紙：森村　稔

印刷：文京区湯島新花町84（有）幸英社

2号（1959.11. 発行［日付なし］A5判130頁. @100円）**特集・アンティゴネー**

◇上演写真

その一　アンティゴネーの周辺

「アンティゴネー」上演台本*

…… ソポクレース作／ギリシヤ悲劇研究会訳

ギリシャ悲劇研究会と古代様式 …… 細井雄介

製作―その困難性 …… 中澤忠正

衣裳制作における古代様式の復元 …… 松川敦子

翻訳にかんする座談会 …… A・B・C・D・E

「アンティゴネー」のフィロスについて …… 松川敦子

アンティゴネー私見―英雄的性格の孤高さ …… 毛利三彌

その二　今後のために

ソルボンヌからの手紙 …… Claude Frontisi

ソルボンヌ大学の古代劇研究会 …… 戸張智雄

假面をつうじて―ソポクレス悲劇の使命 …… 久保正彰

ソポクレスと私 …… 加村赳雄

編集後記：加村　表紙：森村　稔

印刷：千代田区神田猿楽町2-4（株）松浦印刷所

*［上演台本ではコロス部分をかなり短縮したので、ここではその全訳も併せて掲載している。］

V．会誌『ギリシヤ悲劇研究』１号〜５号　目次一覧

編集発行：東京大学ギリシヤ悲劇研究会

東京都文京区本富士町 1. 東京大学文学部美学研究室（1〜2 号）・東京大学学生部学生課（3〜5 号）

１号（1958.11.25. 発行. A5 判 92 頁. 非売品）**特集・オイディプース王**

◇上演写真　　写真提供：東京新聞社・吉岡　力

偶然と必然のたわむれ　—ソフォクレスの作劇法と宗教性　……　久保正彰

ギリシャ悲劇の歴史的性格　……　細井雄介

コロス小論　……　中島貞夫

特別寄稿

ギリシャ劇の上演について　……　呉　茂一

ギリシャ悲劇の構成に対する疑問　……　高津春繁

人間という名のダイモン　……　久保正彰

特集

「オイディプース王」上演台本

……　ソポクレース作／中島貞夫・加村赳雄共訳

ギリシャ演劇衣裳　……　中田幸平

「オイディプース王」の音楽を作曲して　……　早川正昭

座談会「オイディプース王」上演をめぐって

出席者：天野二郎（ぶどうの会）、上田　隆（演劇座）、小川政恭（神戸大助教授　西洋古典学）、呉　茂一（名大教授　西洋古典学）、高津春繁（東大教授　言語学・西洋古典学）、佐々木能理男（東大講師　映画論）、吉岡　力（東大教授　西洋史学）。渋谷幹雄（研究会責任者　美学科四年生）、中島貞夫（演出　美学科四年生）、加村赳雄（主演　仏文学科三年生）。

	内訳：会員券・チラシ・パンフレット	200,000
	ポスター	30,500
	高校用チラシ	1,800
	パンフにはさんだチラシ	2,600
	台本	16,407
3）	広告宣伝費	22,000
4）	衣裳	79,068
5）	装置	55,570
6）	仮面・小道具	43,958
7）	照明	55,870
8）	音楽	13,190
9）	音響	9,530
10）	謝礼	317,600
11）	製作費	126,161
	支出合計	1,109,994

差引残高　1,429,066 − 1,109,994 = 319,072　［制作担当：徳永］

第 9 回：『バッコスの女たち』公演（1966 年 6 月 5・6 日）

「決算報告」現有せず。会員券@ 250.

第 10 回：『救いを求める女たち』公演（1968 年 11 月 1・2・3 日）

「決算報告」現有せず。会員券@ 300.

第 11 回：『テーバイ攻めの七将』公演（1970 年 10 月 23・24 日）

「決算報告」現有せず。会員券@ 350.

今後の収支予定

収入：残金	300,050	支出：謝礼	45,000
広告	51,000		45,000
	351,000		

［制作担当：本間・沼田］

第８回：『ペルサイ』公演（1965 年６月５・６日）決算報告

（1965.6.26. 付）

［現有原本２部（同日付・同内容）のうち筆跡未同定の欄外書込み（当時）のある原本を転記］

〈収入〉

１）会員券（@200）	
会員券売上先内訳	
研究会員（1,617 枚）	323,500
大学生協（899）	179,890
プレイガイド（915）	183,156
高校（172）	34,500
当日売上（1,062）	212,450
（5 日（土）517 枚＋ 6 日（日）545 枚）	
［合計 4,665 枚	933,496］
２）パンフレット・会誌売上	182,150
３）朝日新聞社後援費	10,000
４）前期繰越金	303,420
収入合計	1,429,066

［欄外書込み］：パンフレット 1,650 部、会誌 @ 100（83 部）8,300、会誌 @ 150（61 部）9,150。招待客数 （土）83 名、（日）104 名。招待パンフ約 200。その他：会員、コロス、役者 150 部、会社等 50 部。

〈支出〉

１）会場費	130,740
２）印刷費	256,307

大学関係［枚数記載なし］	146,660
プレイガイド（854）	166,389
当日売上（992）	203,490
高校関係（85）	16,910
歴研（8）	1,600
2）広告料	25,000
3）朝日新聞社後援費	10,000
4）パンフレット・会誌売上	171,123
（パンフレット売上部数 1,624）	
5）雑収入	630
収入合計	1,210,202
〈支出〉	
1）会場費	137,940
2）印刷費（会員券等）	240,820
3）装置	53,060
4）照明	57,900
5）衣裳	42,944
6）小道具	15,940
7）仮面	20,078
8）音楽	45,000
9）音響	21,820
10）雑費	249,488
内訳：謝礼	132,800
アルバイター	12,000
製作費	65,570
その他	39,118
支出合計	884,990

［差引残高　1,210,202 − 884,990 = 325,212］

〈支出〉

1）会場費	172,350
2）印刷費（会員券等）	239,710
3）装置	82,509
4）照明	56,720
5）衣裳	53,635
6）小道具	28,260
7）仮面	16,950
8）音楽	64,950
9）音響	26,100
10）雑費	129,855
内訳：謝礼	86,600
アルバイター	10,400
製作費	28,130
諸雑費	4,725
支出合計	871,039

［差引残高　926,767 − 871,039 ＝ 55,728］

今後の収支予定

収入：残金［収益］	55,728	支出：会誌印刷費	60,000
広告	52,000	役者謝礼	40,000
	107,728		100,000

［制作担当：大石・本間］

第７回：『ヘーラクレース』公演（1964 年 5 月 30・31 日）決算報告

（1964.7.4. 付）

〈収入〉

［「前期繰越金」項目なし］

1）会員券（@200）売上	1,003,449
内訳：研究会員（2,342 枚）	468,400

［差引残高　928,760 － 878,957 ＝ 49,803］

今後の収支予定

収入：残金	50,320		支出：印刷代	140,000
広告	63,000		会誌印刷代	30,000
貸金	20,000			170,000
	133,320		［制作担当：本多・大石・会田・細井］	

第6回：『トロイアの女』公演（1963年6月1・2日）決算報告［日付なし］

［現有原本2部のうち演出担当者筆跡による訂正書込み（当時）のある原本を転記］

〈収入〉

1）	前期繰越金	5,162
2）	会員券（@150)売上*	739,940
		＊欄外書込み：「招待：300［枚］」
	内訳：高校関係（68枚）	10,200
	大学関係（752）	108,463
	プレイガイド（913）	125,977
	研究会員個人（2,350）	352,500
	歴研（8）	1,200
	当日売上（944）	141,600
	［合計］5,035枚	739,940
3）	広告料	11,000
4）	朝日新聞社後援費	10,000
5）	パンフレット・会誌4号売上	159,680
	（内 パンフレット@ 100、1,802部** 会誌@ 150）	
6）	雑収入	985
収入合計		926,767

＊＊［この部数は「招待者贈呈分300」を含むもので、また会誌売上部数は65前後であったと推定される（第8回公演〈収入〉［欄外書込み］参照)。］

2）会員券（@150）	515,242	
会員券売上先内訳：		
高校関係（157 枚）：	19,700	
大学関係（560）：	79,700	
プレイガイド（713）：	98,492	
研究会員個人（1,642）：	234,250	
劇団関係（32）：	4,800	
当日売上（502）：	78,300	
［合計］3,606 枚	515,242	
3）パンフレット・会誌売上	169,235	
4）広告料	9,500	
5）朝日新聞社後援費	10,000	
6）共立女子大学生課より	45,000	［6 月 5 日共立講堂使用関係］
7）宮内庁より	5,000	［同日、皇太子夫妻来場観劇関係］
8）雑収入	985	
収入合計	928,760	
〈支出〉		
1）会場費	119,540	
2）印刷費（会員券等）	173,550	
3）装置	56,315	
4）照明	94,500	
5）衣裳	27,714	
6）小道具	23,660	
7）仮面	12,450	
8）音楽	102,000	
9）音響	5,695	
10）雑費	253,533	
支出合計	878,957	

3）衣裳		29,830
4）照明		40,000
5）仮面		20,800
6）装置大道具		20,820
7）小道具		13,190
8）音楽・効果		8,245
9）謝礼		93,000
10）雑費		181,053
	内訳：電話借用関係費	40,000
	電話使用料（5.20. 迄）	5,000
	アルバイター	19,047
	宣伝費	2,300
	稽古場借用料（湯島他）	10,900
	用務員謝礼	3,100
	運送・運搬費	11,150
	写真代	3,460
	当日食費・反省会コンパ補助	18,200
	駒場寮美術サークル交通費等	10,100
	台本・会誌代未納分	21,000
	その他連絡費等雑費	36,716
支出合計		698,528

純収入：131,624［＝ 830,152 － 698,528］　［制作担当：吉澤・小平］

第 5 回：『ピロクテーテース』公演（1962 年 5 月 26・28 日, 6 月 5 日）決算報告［日付なし］

〈収入〉

1）前期繰越金*	173,798

＊［本公演に先立つ 1961 年 12 月放映の NHK 出演料を含むとの推定可能。別項「II. 公演スタッフ・キャスト・劇場」の編者注参照。］

アルバイター	6,000
宣伝費	9,580
楽譜印刷	2,650
湯島稽古場借用料	2,000
用務員謝礼	3,300
その他	29,471
支出合計	613,596

［差引残高　651,089 − 613,596 = 37,493］　　［制作担当：毛利］

第４回：『アガメムノーン』公演（1961 年６月３・４日）決算報告

（1961.6.25. 付）

〈収入〉

１）前期繰越金	15,168	
２）会員券（@100）（5,947 枚）	578,579	
（プレイガイド 1,739 枚＋個人その他　4,208 枚）		
３）パンフレット・会誌売上	147,205	
４）広告料	45,000	
５）朝日新聞社後援費	10,000	
６）脚本原稿料	11,700	［白水社『新劇』６月号掲載］
７）雑収入	22,500	
収入合計	830,152	

〈支出〉

１）印刷物	137,950
印刷費内訳：会員券	18,000
チラシ	24,000
パンフレット	80,000
ポスター	14,850
招待状	1,000
２）野音会場費関係［稽古・当日］	153,640

第3回：『縛られたプロメーテウス』公演（1960年6月4・5日）

決算報告（1960.6.25.付）

〈収入〉

1）前期繰越金	2,820	
2）会員券（@100）	474,869	
3）パンフレット売上	102,040	
4）台本売上	1,850	
5）会誌売上	15,420	
6）朝日新聞社後援費	10,000	
7）脚本原稿料	18,870	［白水社『新劇』5月号掲載］
8）広告料	25,000	
9）雑収入	220	
収入合計	651,089	

〈支出〉

1）印刷物	130,480
内訳：会員券・チラシ	32,080
パンフレット	84,400
ポスター	14,000
2）装置大道具	80,000
3）小道具	9,709
4）仮面	14,965
5）衣裳	20,141
6）照明	58,000
7）音楽	15,000
8）野音会場費（稽古・当日）	146,940
9）謝礼	70,000
10）雑費	68,361
内訳：	
サイドコーラス交通費	15,360

〈支出〉

1）	印刷物	95,000
	（脚本・会員券・パンフレット・ポスター）	
2）	装置大道具・小道具	17,375
3）	衣裳	22,675
4）	メーキャップ代	2,010
5）	マイク	37,500
6）	照明	18,500
7）	音楽	12,500
8）	野音会場費（稽古）	23,100
9）	野音会場費（当日）	39,600
10）	謝礼	67,255
11）	記録	33,890
12）	雑費	79,061
	支出合計	448,466

差引残高　452,712 － 448,466 ＝ 4,246

以後の収入予定

会員券代回収	54,600
NHK 衣裳道具損料	20,680
広告（文化指導会）	2,000
杉並公会堂払戻	3,500
研究会費未納分（3月まで）……	

以後の支出予定

かつら借用料	8,000
雑費	33,000

「会計：川池」

［編者注］

＊なお原本には、上記「回収済分 2,735 枚内訳」に続けて「未回収の分 546 枚：会員 454、研究室 92」「その他 204 枚：会員リベート 194、朝日新聞 10」「残券：90 枚」とある。なお、同筆跡・同日付の原本 2 部のうち下書きとみられるものには、「会員券販売総数：（普通券＋招待券）」の欄（清書原本では空白）に「3,575 枚」の書込みがある。

第2回：『アンティゴネー』公演（1959年5月30日）決算報告

（1959.6.30. 付）

〈収入〉

1）前期繰越金	3,615	
2）研究会個人会費	3,400	
3）会誌創刊号売上	28,480	
4）広告料	30,000	
5）パンフレット売上	50,960	
6）会員券（@100）（2,735 枚）*	267,933	

会員券回収済分 2,735 枚：273,500 －（手数料）5,567＝267,933.

内訳：会員個人（1,333 枚）	133,300	
プレイガイド（429）	39,412	
東大本郷（174）	16,530	
東大駒場（75）	7,125	
他大学（90）	8,420	
劇団（95）	9,500	
都民劇場（62）	6,200	
労演（35）	3,500	
朝日（68）	6,596	
多摩演劇研究所（25）	2,450	
当日売上（349）	34,900	
7）雑収入	68,324	
内訳：衣裳貸代	1,000	［貸出先未詳］
ダンスパーティ収益	7,620	［5.2. 東大本郷第二食堂で開催］
朝日新聞社後援費	10,000	
NHK 出演料	35,424	［「教育テレビ」日時未詳］
脚本原稿料	14,280	［白水社『新劇』6月号掲載］
収入合計	452,712	

10）音楽謝礼	9,600	
11）野音会場費（稽古）	12,900	
12）野音会場費（当日）	32,600	
13）稽古場借用料（湯島幼稚園）	3,249	
14）公演雑費	32,485	
	（楽譜印刷・車代・アルバイター等）	
15）研究雑費	4,380	
16）会事務所運営費	3,000	
17）写真・スライド	4,500	
18）記念品代	－	（今後約 2,000 必要）
19）お礼参り	340	（今後若干必要）
20）パンフレット郵送	－	（今後約 1,200 必要）
支出合計	252,404	（今後予定約 7,000）

現在手持金*： 319,612－252,404＝67,208　　　（担当：安倍・渋谷）

[編者注]

* 寄付額と寄付者名自署のある『賛同者御芳名録』（第５・第８分冊のみ現有）には合計 30 名・金額計 39,000 円記載。第 1〜4・6〜7 分冊は現有しない。他の関連史料については別項VI .2 参照。
* 朝日新聞社の後援は、第１回公演では「会員券 100 枚買上と「社告」掲載」の形をとった。第２回以後は、（会員券を伴わない）「後援費 10,000 円と社告」の形となり、以後第９回まで継続する。
* この「現在手持金」が 1958.6.21 付で４年生から３年生に引継がれ、研究会誌創刊号発行費 50,000＋研究会運営費 17,208（予定）に当てられることになる。会誌発行（1958.11.25）費用全体の記録を現有しないため数字は出せないが、この「現在手持金＋今後の収入予定＋毎月の研究会費」から「発行費＋今後の支出予定＋研究会運営費」を差引いた額が第２回公演決算報告上の「前期繰越金」になる。第３回以後の会費制度の状況は不明であるが「前期繰越金」の基本的内容はほぼ同様と考えられる。

第１回：『オイディプース王』公演（1958 年６月２日）決算報告

（1958.6.21. 引継ぎ）

〈収入〉

1）研究会個人会費	12,900	（未徴収分　500）
2）外部個人寄付	57,000	［1 口千円］*
3）台本販売	2,100	
4）パンフレット広告料	15,500	
5）雑収入	1,812	
6）当日パンフレット売上	11,000	
7）会員券（@ 100 円）収入		
内訳：研究会員個人売上	106,300	（未回収分：10,700）
プレイガイド	12,625	
学校関係	13,985	［東大・他大学生協等］
朝日新聞社買上	10,000	［＋「社告」1958.6.1. 朝刊］*
当日売上	76,300	
収入合計	319,612	

（今後の収入予定：未回収分 11,200＋衣裳売却＋写真売上）

〈支出〉

1）脚本印刷	10,000	
2）会員券・チラシ印刷	3,300	
3）パンフレット印刷	44,000	
4）ポスター印刷	4,000	
5）衣裳	45,540	
		（今後の支出予定：クリーニング代 1,500）
6）照明	13,000	
7）装置大道具	3,850	
8）小道具	18,460	
9）マイク	7,200	
		（今後の支出予定：早川氏に 2,000）

Ⅳ．公演収支決算報告

東大ギリシャ悲劇研究会は、1958年6月の第1回から1970年10月の最終回まで、計11回の公演を行なった。この項で収録するのは第1回から第8回までの公演活動の収支報告で、当時各公演の直後に制作会計担当者によって作成されて今日まで伝存する原本を、転記再録したものである。公演活動後期の第9回（1966年6月）、第10回（1968年11月）および第11（最終）回（1970年10月）については、現在までのところ編者のもとには「決算報告」は伝存していない。

＊決算報告の原本はすべて手書き（第1回はB5判ノート4頁、第2回以後はB4判謄写版刷1頁）。

＊報告書の形式（収支費目の名称・記載順等）は、公演間に異同があるが、原則として原本のままとし、改変は「雑誌」を「会誌」に統一し、また会の収支計算の区切りが通常の「年度」ではなくて公演終了後（6月）であったことを考慮して「前年度繰越金」を「前期繰越金」に統一する等必要最小限にとどめた。原記録中の二、三箇所にみられる数字計算上の不整合も、現時点では原因の検証が困難であるため原本のままとしている。

＊［　］内または［編者注］として付加した記述は、編者による補足説明である。

＊第1回～第2回公演に際して収入の一部をなしていた「研究会個人会費」（月額100円）については、別途1959年5月頃までの記録（「研究会ニュース」、「会計ノート」等）はあるが、それ以後は記録がなく、会費制度そのものの存続期間も現有の記録史料からは不明である。

＊「会員券」（＝入場券・チケット・切符）は、第1～4回：@100円、第5～6回：@150円、第7～8回：@200円であった。売上高の端数は、プレイガイド等での手数料に由来する。

クテーテース』の歌唱部分の楽譜は、当該の研究会誌（『ギリシヤ悲劇研究』第4号と第5号）に掲載されている。

仮面と衣裳：上演のさいの仮面使用は第3回公演『縛られたプロメーテウス』に始まったが、仮面をどう扱うかの問題は、研究会発足当初からの大きな課題であった。すでに研究会誌第2号に会員による論考があり、実際の仮面制作の工程は、第3号に詳細に記録されている。第4号、第5号にもそれぞれの上演に際しての仮面に関する報告が載せられている。衣裳制作に関しても、研究会誌の各号に（第1号は「劇団仲間」の衣裳デザイナーに、第2号以下は研究会員による）報告があり（別項「V.『ギリシヤ悲劇研究』目次一覧」参照）、また布地の色見本やデザイン案のスケッチ等も数点が残っている。

公演に使用された仮面や衣裳の大部分は、公演後、東大安田講堂内の倉庫に収蔵されていた。衣裳の中には、のちの回の上演に再使用されたり、外部に貸し出されたりしたものもあったが、1969年1月の「大学紛争・安田講堂攻防戦」のさいに、機動隊の放水を受けて破壊され、廃棄処分となった。朝日新聞社刊『アサヒグラフ』誌（1969年2月7日号「特集：拡大する学生反乱」p.62）には、1月21日の東大構内を撮影した多数の写真の中に、「放り出された物品の散乱する講堂のわきに 職員たちが作った“全共闘の像”使われているギリシャ悲劇の仮面は 恨みとも怒りとも放心ともとれる表情」というキャプション付きで、ギリ研の仮面（女の面）を顔部分とする“像”の写真1点が掲載されている。

仮面の一部は、『アガメムノーン』上演時のものなど計20点が、早稲田大学坪内博士記念演劇博物館に収蔵されている。

7．電通・日立・シエル石油・三菱電機・三井物産・東芝・東洋レーヨン・丸紅飯田・文化服装学院・早川書房・筑摩書房・紀伊國屋書店・人文書院・西武・伊勢丹.
8．日本IBM・日立・シエル石油・三菱電機・SONY・サントリー・紀伊国屋書店・人文書院・日生劇場・伊勢丹.
9．シエル石油・日立製作所・伊勢丹・紀伊國屋書店・人文書院・文化服装学院出版局.
10．［協賛（広告）なし］
11．人文書院・にしむら・ガーデン・ルオー・城・ボン・プラモ.

［編者注］

公演パンフレットは、全回の原本を現有。判型：第1回（横長）と11回（縦長）はB5判変形、第2〜9回はB5判（横長)、第10回はA5判（縦長)。第5〜9回と第11回には頁付がない。また、いずれの号にも頒価の記載はない。会員券・チラシ・ポスターについては、外部からの寄稿のある場合（チラシ）と作成者の判明している場合（ポスター）にそれを付記した。チラシは各公演の制作関係担当者が作成。

Ⅲ. 2. 上演台本・楽譜・仮面・衣裳

上演台本：第1回〜第5回公演の台本は、当該の研究会誌に所収(別項：「Ⅴ. 会誌『ギリシヤ悲劇研究』目次一覧」参照)。また、第2回、第3回および第4回の上演台本は、白水社『新劇』の、1959年6月号、1960年5月号および1961年6月号に、それぞれ掲載された。

謄写版印刷による稽古用台本の全公演分（第1回〜第11回）を、研究会では2冊に分けて合本製本して現有。

楽譜：研究会では、第1回『オイディプース王』、第2回『アンティゴネー』および第6回『トロイアの女』のコロスの楽譜を現有。第4回『アガメムノーン』のコロスの入場歌部分（パロドス）と第5回『ピロ

編集後記：毛利　表紙：渋谷

第 11 回：アイスキュロス『テーバイ攻めの七将』（1970.10.23～24.）

発行・印刷：［奥付・年記なし］

ごあいさつ　――――

スタッフ・キャスト［別項「II. 公演スタッフ・キャスト・劇場」参照］

構成とあらすじ　――――

演出ノオト断章　大沼信之

ギリシャ悲劇とは　――――

カドモスとオイディプース　―神話の中のテーバイ　――――

アイスキュロスをめぐって：戦士アイスキュロス　手島兼輔

アイスキュロス小論　五十嵐文彦

［編集後記なし］　ポスター：［作成者未詳・原本現有］

付：協賛（パンフレット各号およびチラシに広告掲載・順不同）

1．日本映画新社（東宝）・観光文化ホール・東武電車・東福織物店・武蔵野特殊印刷・ぷらんたん・緑園・西むら・ボンナ.

2．日本麦酒・映画タイムス社・東大学生文化指導会・筑摩書房・三笠書房・白水社・早川書房・ ASAHI EVENING NEWS・レモン・ボンナ・あらた.

3．日本麦酒・大修館書店・人文書院・白水社・ルオー・ボンナ.

4．日本麦酒・博報堂・NET-JOEX-TV・フォスター電機・協和発酵工業・髙島屋・人文書院・白水社・キッチンビタ・ルオー.

5．博報堂・日立・シエル石油・日本麦酒・協和発酵・髙島屋・日興証券・白水社・人文書院・文化服装学院出版局・ASAHI EVENING NEWS・キッチンビタ・ルオー.

6．博報堂・日立・シエル石油・日興証券・大商証券・東洋レーヨン・帝国繊維・味の素・伊勢丹・早川書房・人文書院・文化服装学院出版局・忠寶亭本店.

山上山下	久保正彰
客演の俳優たち	西井一志
サラミスゆき	松川敦子

編集後記：長谷川　表紙・ポスター：藤原晶美［原本なし］

第 9 回：エウリーピデース『バッコスの女たち』（1966.6.5～6.）

発行：1966.5.31. 印刷：中野区大和町 1-12-9（有）あけぼの印刷社.

スタッフ・キャスト［別項「II. 公演スタッフ・キャスト・劇場」参照］

僕等の祈り	中鉢秀一
あらすじ	――――
考えること　―演出ノートに代えて―	毛利三彌
ディオニューソスの祭り	田村徹夫
エウリーピデースの作品とその時代	神山祐輔
イメージの番人　―裏方目付役の記―	高橋廸子
稽古の中で	石垣賢蔵
主体と変装　―音楽のモノローグ―	木村雅信

編集後記：中島　表紙：［作成者未詳］

第 10 回：アイスキュロス『救いを求める女たち』（1968.11.1～3.）

発行：1968.11.1. 33 頁. 印刷：世田谷区祖師谷 1-773（有）三誠印刷.

スタッフ・キャスト［別項「II. 公演スタッフ・キャスト・劇場」参照］

あらすじ	――――
イーオー伝説	――――
最初に	毛利　晶
演出にあたって	神山祐輔
アイスキュロスとコロス	大沼信之
コロスの眼	内藤秀徐
イーオー伝説をめぐって	手島兼輔
二つの歯ぐるま	久保正彰

第7回：エウリーピデース『ヘーラクレース』(1964.5.30〜31.)

発行：1964.5.20. 印刷：港区本芝 3-4（株）相互印刷.

スタッフ・キャスト［別項「II. 公演スタッフ・キャスト・劇場」参照］

「ヘーラクレース」の構成とあらすじ	————
演出にあたって	田村徹夫
「ヘーラクレース」伝説をめぐって	————
舞台をつくる：仮面	徳永弘道
デウス・エクス・マキーナ雑感	今清水楊子
衣裳と私	高橋廸子
野次馬的観客とコロス	新徳盛史
コロス寸感	西井一志
戯曲をめぐって：悲劇美への誘惑	中川芳郎
コロスについて	金井　毅
使者	森住一彦
ギリシァ悲劇の俳優	佐々木隆文
「ヘーラクレース」の位置	細井雄介
デウス・エクス・マキーナ	本間武俊

後記：沼田　表紙・ポスター：藤原昌美［原本なし］

第8回：アイスキュロス『ペルサイ』(1965.6.5〜6.)

発行：1965.6.5. 印刷：千代田区内幸町 2-18（株）電通印刷所.

スタッフ・キャスト［別項「II. 公演スタッフ・キャスト・劇場」参照］

あらすじ	————
悲劇のよろこびについて　〈ペルサイ〉演出の記	田村徹夫
ペルシア戦争について	長部重康
「ペルサイ」の音楽的問題点	新徳盛史
叙事詩的演劇としてのペルサイ	徳永弘道
第八回公演に寄せる	新関良三
コロス	細井雄介

仮面のことば	田村徹夫
衣裳について	高橋廸子
ギリシアだより	松川敦子
戯曲をよみながら：弓と傷	小井戸光彦
ソポクレースの宗教	Mae Smethurst
コロスの一員	山田秀男

東京大学ギリシャ悲劇研究会・公演のあゆみ「第1回～第4回の舞台写真」

編集後記：細井　表紙・ポスター：熊井雅子［原本なし］

チラシ：「私達へのお言葉」三島由紀夫・遠藤慎吾・河竹登志夫・小宮曠三［敬称略］

第６回：エウリーピデース『トロイアの女』(1963.6.1～2.)

発行：1963.5.20. 印刷：中央区銀座 5-5（株）又新社印刷.

スタッフ・キャスト［別項「II. 公演スタッフ・キャスト・劇場」参照］

「トロイアの女」の構成とあらすじ・トロイア戦争の伝説・「トロイアの女」の背景	――――
演出にあたって	細井雄介
舞台が出来るまで：「トロイアの女」の作曲の前に	新徳盛史
「木馬」の青写真	長谷川　肇
仮面をつくる	田村徹夫
G. Murray をめぐって	――――
或る驚き	加村赳雄
エウリピデスの作品	大石英樹
アンドロマケーの周辺	金光仁三郎
カッサンドラの悲劇	高橋廸子
久保さんの手紙	――――

編集後記：本間　表紙・ポスター：藤原正典［原本現有］

チラシ：「第６回公演によせて」中島健蔵・福田恆存・三國連太郎［敬称略］

編集後記：滝・平野　表紙：森村　稔
ポスター：田名網敬一［原本現有］

第４回：アイスキュロス『アガメムノーン』（1961.6.3〜4.）
発行：1961.5.15. 14＋ii 頁. 印刷：渋谷区幡ヶ谷 1-30（株）渋谷紙器印刷.
ギリシャ大使館からのメッセージ　P. Synodinos
ものがたり・スタッフ・キャスト
［別項「II. 公演スタッフ・キャスト・劇場」参照］
アガメムノンの上演　新関良三
ギリシア悲劇の問題点　仁戸田六三郎
キップをうりつける記　———
ラシーヌとギリシャ悲劇　Maurice Pinguet
東大ギリシャ悲劇の思いで　秋田雨雀
アガメムノンのコロス　———
編集後記：会田・大石　表紙：片山愛子
チラシ：「私達によせられたお言葉」秋田雨雀・有馬大五郎・呉　茂一・千田是也・田中千禾夫・野上弥生子・三國連太郎［敬称略］

第５回：ソポクレース『ピロクテーテース』（1962. 5.26,28, 6.5.）
発行：1962.5.20. 印刷：渋谷区幡ヶ谷 1-30（株）渋谷紙器印刷.
［ご挨拶］　東京大学ギリシャ悲劇研究会
ものがたり・キャスト・スタッフ
［別項「II. 公演スタッフ・キャスト・劇場」参照］
ピロクテーテースの三つの「なぜ」・伝説のこころみ　———
ピロクテーテースへの招待 — 演出の記　———
舞台をめぐって：嘆きと怒りと喜びを　戸山　裕
傍役・オデュッセウス　加村赳雄
つぶやき　古山桂治
コロスの歌　新徳盛史

アンティゴネの上演に寄せる　新関良三
「アンティゴネー」ものがたり・スタッフ・キャスト
［別項「II. 公演スタッフ・キャスト・劇場」参照］
アンティゴネーの演出　細井雄介
アンティゴネーを作曲して　高橋禮子
ふたたびソポクレスを　久保正彰
神と人との間　中村光夫
ミッチイと現代演劇　武智鉄二
ギリシャ悲劇の輪郭　伊藤俊也
ソポクレース　―その生涯と作品　藤木宏幸
ヨーロッパにおける野外劇　野村良雄
編集を終えて：石井・毛利　表紙：釜石嘉明
チラシ：「第１回公演によせられた言葉」故岡倉士朗・吉岡　力・田中千禾夫［敬称略］
ポスター：［作成者未詳・原本現有］

第３回：アイスキュロス『縛られたプロメーテウス・悲劇仮面の試み』（1960.6.4～5.）

発行：S.35.5.15. i＋20 頁. 印刷：新宿区西五軒町 34（株）文化印刷.
ものがたり・スタッフ・キャスト
［別項「II. 公演スタッフ・キャスト・劇場」参照］
仇多い贈物　加村赳雄
一つの前提　木下順二
火と水と　―イーオーについて―　久保正彰
この国にあらわれて　細井雄介
座談会「仮面」　A・B・C・D・E・F
ギリシャ悲劇の仮面　川池一男
ポール・マゾンの仮面　戸張智雄
アイスキュロス　―生涯と作品―　滝　洋子

Ⅲ. 公演パンフレット等

1. 各号目次一覧（付・チラシ・ポスター）

編集発行：東京大学ギリシャ悲劇研究会
東京都文京区本富士町 1. 東京大学文学部美学研究室［1〜3 回］・東京大学学生部学生課［4〜10 回］.［11 回は気付先の記載なし］

第 1 回：ソポクレース『オイディプース王』（1958.6.2.）

発行：S.33.5.13. i＋10 頁. 印刷：新宿区西五軒町 34（株）武蔵野特殊印刷.

御挨拶	東京大学ギリシャ悲劇研究会
『オイディプス』公演に際して	竹内敏雄
ギリシャ悲劇の上演	新関良三
ギリシャ悲劇を愛する若人たちに	Wolfgang Schadewaldt
「オイディプース王」ものがたり・スタッフ・キャスト	
［別項「II. 公演スタッフ・キャスト・劇場」参照］	
「オイディプース王」演出に当り	中島貞夫
衣裳について	中田幸平
「オイディプース王」作曲にあたって	早川正昭
テーバイ傳説とオイディプース	呉　茂一
コロスは知っている	久保正彰
よろこびを永久に	尾崎宏次

編集後記：渋谷・安倍・森村　　表紙：森村　稔

第 2 回：ソポクレース『アンティゴネー』（1959.5.30.）

発行：S.34.5.15. 20 頁.　印刷：新宿区西五軒町 34（株）文化印刷.

「アンティゴネ」公演に際して	竹内敏雄
駐日ギリシャ領事メッセージ	A. E. Pappadopoulos

の公演時に客席に当てうるのはその半分ほどであった。

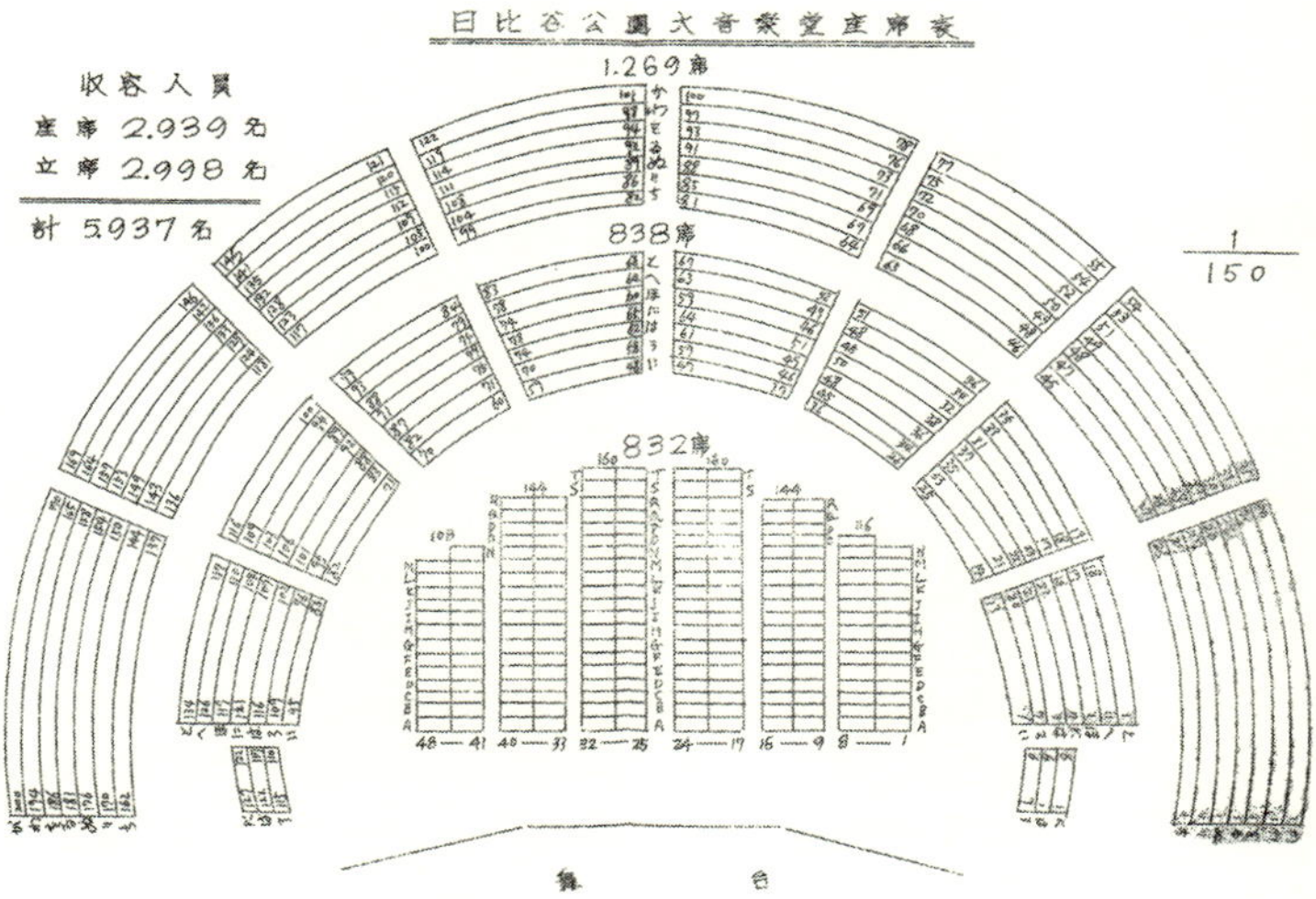

「日比谷公園大音楽堂座席表」

——1957年秋 日比谷公園管理事務所提供——

「しばられたプロメーテウス」〉、2）〈12 月 17 日（日）「ギリシャの悲劇 3. ソポクレス「ピロクテーテース」〉。内容は研究会訳の公演用台本を大幅に省略改変したもの。昭和 36（1961）年 12 月 3 日（日）から 24 日（日）までに同教育テレビにおいて「日曜大学・ギリシア悲劇」（呉茂一他出演）が 4 回にわたって放映されたさいの台本とみられる。NHK 側の映像記録もなく、放映内容の詳細は不明である。

劇場：日比谷公園野外大音楽堂（通称「日比谷野音」）・共立講堂・田園コロシアム・千代田区公会堂

研究会では、当初は東大学内での上演を計画していたが、野外劇という条件ゆえの制約が学内諸規則に抵触することが判明してこれを断念し、日比谷公園野外大音楽堂（1954 年改装の「二代目野音」）を会場として、有料の公演とすることに決定。会場借用の交渉時に日比谷公園管理事務所から提示された概略図（次頁）によれば、傾斜の緩い擂鉢型半円形をなす固定座席 1,269＋838 席、舞台前平地の椅子席 832 席（移動可能）、立席 2,998 席。管轄消防署の規定によれば、許可入場者数の上限は 3,000 名であった。正面に奥行約 15m の舞台（現在の「三代目野音」の舞台面積は $214m^2$）があり、舞台稽古および公演時には、舞台前の平地部分（半径約 20m）をコロス用のオルケストラとするため、移動可能な鉄製椅子席すべてを会場入口に近い立見席の後方部分に移動した。研究会誌第 4 号 p.7 に「アガメムノーン」上演時の舞台略図がある。野音の借用料に関しては別項「IV. 公演収支決算報告」の各項参照。また会場の使用時間は規定により 21：00 までであった。

第 5 回の室内公演（1962.6.5）会場の共立講堂および第 11 回（1970. 10.23～24）の千代田区公会堂（通称「千代田公会堂」2006 年閉館）については当時の記録がなく、第 10 回（1968）の田園コロシアム（1989 年閉鎖）については、当時の収容人員「10,000 名」とされるが、実際

＊公演後 NHK 教育テレビに出演（日時未詳）.

第 11 回：アイスキュロス『テーバイ攻めの七将』

1970 年 10 月 23 日（金)・24 日（土）(23 日は夕、24 日は昼夕 2 回上演)

会場：千代田区公会堂（東京都千代田区九段）

〈スタッフ〉

制作：五十嵐文彦

演出：大沼信之

音楽作曲：川島千明・水野勉・大沼信之

演奏：東大管弦楽団

合唱：東京芸大声楽科学生

装置：市川政憲

照明：山口邦彦

衣裳：原畑由美子

小道具：佐野博彦

仮面：浪漫工房

舞台監督：西村善文

〈キャスト〉

エテオクレース：岡本隆生

物見の使者：丸山哲矢・手島兼輔

アンティゴネー：石川文子

イスメーネー：松本多恵

コロス（テーバイの乙女たち 7 名）の長：小林千枝子

コロス：赤城宏子・岡本多恵子・小島礼子・服部園子・浜田都・甫守マリ子

[編者注]

第 3 回および第 5 回については、研究会では、昭和 36 年 12 月作成の「NHK 日曜大学　NHK-ETV 放送台本第一稿」と記された 2 冊の謄写版刷の冊子を現有：1)〈「12 月 10 日（19：00〜20：00）アイスキュロス作

第三俳優：カドモス・番兵・使者Ⅰ・使者Ⅱ（4役）：維日修二
コロス（バッコスの女たち15名）の長：木俣貞雄
コロス（松山バレエ団）：箕輪初夫・田中俊行・櫻井博康・岩村勝弘・上野泰義・江光華・井上武文・小川千美・金井利久・南場保・貞松融・福沢賢一・外崎芳昭・清水哲太郎

第10回：アイスキュロス『救いを求める女たち』
1968年11月1日（金）・2日（土）・3日（日）3日間とも昼のみ上演.
会場：田園コロシアム（東京都大田区田園調布）
〈スタッフ〉
制作：毛利晶・石川文子
演出：神山祐輔
演出助手：松本多恵
音楽作曲：川島千明
振付：大沼信之
扮装：大沼信之
装置：川島平七郎
舞台監督：小原郭靖
音響：（株）日本無線
〈キャスト〉
ダナオス・伝令（2役）：吉田恒雄
アルゴス王：小森光男
コロス（ダナオスの娘たち7名）の長：内藤秀徐
コロス（舞唱）：大沼信之・西村善文・安村通晃・五十嵐ふみひこ・手島兼輔・丘沢こうたろう
侍女、従者
演奏　ハープ：早川利恵子
　　　フルート：桂誠
　　　打楽器：畑野功太・大森徹

ダーレイオス：新井和夫
クセルクセース：光枝明彦
コロス（ペルシアの長老25名）の長：戸山裕
コロス：国立音大・舞台芸術学院・早大演劇科・東海大演劇部・郁文館学園
合唱（サイドコーラス）：国立音大合唱団

第9回：エウリーピデース『バッコスの女たち』
1966年6月5日（日）・6日（月）（6月4日雨天のため順延）開演18：30
〈スタッフ〉
制作：中鉢秀一・神山祐輔
演出：毛利三彌
演出助手：関根悦子
音楽作曲：木村雅信
指揮：中島恒雄
合唱：東京合唱団
コロス振付：石田種生
仮面：大沼信之
装置：山田智稔・高取秀彰
衣裳：神山邦子
照明：小泉博夫
舞台監督：久保田忠男
進行：田村徹夫・高橋廸子
音響装置提供：（株）日本無線
後援：朝日新聞社
〈キャスト〉
第一俳優：ディオニューソス（神）・ペンテウス（2役）：多田幸雄
第二俳優：ディオニューソス（人）・テイレシアース・アガウエー(3役)：戸山裕

メガラー：長谷川三春
リュコス：仲村秀生
ヘーラクレース：戸山裕
イーリス：中原郁江
リュッサ：岡倉淳子
使者：大方斐紗子
テーセウス：高取秀彰
コロス（テーバイの長老 15 名）の長：多田幸雄
コロス（舞唱）：舞台芸術学院・松山バレエ団・江口-宮舞踊団
従者、侍女、兵士

第 8 回：アイスキュロス『ペルサイ』
1965 年 6 月 5 日（土）・6 日（日）開演 18：30
〈スタッフ〉
制作：徳永弘道
演出：田村徹夫
音楽作曲：新徳盛史
演奏：国立音大二部吹奏楽団
装置：山田智稔
衣裳：高橋廸子
仮面：中川芳郎
照明：峰尾雅彦
舞台監督：中鉢秀一
音響・音響装置提供：（株）ソニー・日本無線
装置器材提供：（株）八幡金属加工
後援：朝日新聞社
〈キャスト〉
アトッサ：林洋子
使者：古山桂治

ヘカベー：林洋子
タルテュビオス：古山桂治
カッサンドラー：北川恭子
アンドロマケー：田上嘉子
メネラーオス：加村赳雄
ヘレネー：熊谷素江
コロス（トロイアの女たち 12 名）の長：大方斐紗子
コロス（舞唱）：東京声専音楽学校
兵士、従者、侍女

第 7 回：エウリーピデース『ヘーラクレース』
1964 年 5 月 30 日（土）・31 日（日）開演 18：30
〈スタッフ〉
制作：本間武俊・沼田哲
演出：田村徹夫
演出助手：中鉢秀一
コロス振付：石田種生
装置：今清水楊子
音楽作曲：新徳盛史
仮面：中川芳郎・徳永弘道
衣裳：高橋廸子・神山邦子
小道具：渡辺央
照明：長谷川肇
音響：森住一彦
舞台監督：徳永弘道
音響装置提供：（株）日本無線・東京芝浦電気
後援：朝日新聞社
〈キャスト〉
アンピトリュオーン：加村赳雄

ヘーラクレース：伊吹全
コロス（ネオプトレモスの船の乗組員 13 名）の長：明神聡
コロス：板橋憲明・川島重成・金仁三郎・小井戸光彦・高橋光隆・中山昇・森谷正秀・山口隆雄・山田秀男・山田孚・柴田弘之・池田弘太郎
従者
＊この回の野外公演では台詞も予め録音したものを使用。また、野外公演に先立って 1961 年 12 月に NHK 教育テレビに出演した。

第６回：エウリーピデース『トロイアの女』

1963 年 6 月 1 日（土）・2 日（日）開演 18：30
〈**スタッフ**〉
制作：大石英樹・本間武俊
演出：細井雄介
演出助手：藤原秀典
装置：今清水楊子・小井戸光彦
音楽作曲：新徳盛史
仮面：田村徹夫・徳永弘道
衣裳：高橋廸子・渡辺園子
小道具：浅野勝正
照明：小西宗十・明神聡
音響：菊地隆
舞台監督：小井戸光彦
音響装置提供：（株）日本無線・東京芝浦電気・日本電気・安立電気
衣裳生地提供：（株）東洋レーヨン・帝人
後援：朝日新聞社
〈**キャスト**〉
ポセイドーン：戸山裕
アテーナー：田上嘉子

コロス（アルゴスの長老 12 名）の長：加村赳雄
コロス（舞唱）：細井雄介・毛利三彌・湯川昌明・斎藤翁・藤井高信・渡辺修・本多良樹・田口興輔・宮永康生・佐藤稔・富田欣市
従者、侍女、兵士
＊公開合評会開催：1961.6.10（土）東大本郷 山上会議所（現 山上会館）

第 5 回：ソポクレース『ピロクテーテース』
1962 年 5 月 26 日（土）・28 日（月）（27 日雨天のため順延）
1962 年 6 月 5 日（火）会場：共立講堂（東京都千代田区一ツ橋） 開場 17：30 開演 18：30
〈**スタッフ**〉
制作：本多良樹・大石英樹・会田精彦・細井雄介
演出：久保正彰
音楽作曲：新徳盛史
合唱（録音）：[未詳]
装置：高橋武雄・藤原秀典
仮面：田村徹夫・沼田紀子
美術顧問：高橋米吉・山口幸子
小道具：長谷川肇
衣裳：小林治子・高橋廸子
照明：高橋武雄
舞台監督：福田晴虔
音響装置提供：（株）フォスター電機・プリモ・日本無線・松下電器・通信電設
後援：朝日新聞社
〈**キャスト**〉
オデュッセウス・商人（2 役）：加村赳雄
ネオプトレモス：古山桂治
ピロクテーテース：戸山裕

ヘーパイストス：小坂弘治
プロメーテウス：古山桂治
オーケアノス：菅孝行
イーオー：成田光子
ヘルメース：鈴木初太郎
コロス（オーケアノスの娘たち28名）：跡見短大生活芸術科学生他
合唱（サイドコーラス）：国立音大合唱団
＊公開合評会開催：1960.6.11（土）東大本郷 山上会議所（現 山上会館）

第4回：アイスキュロス『アガメムノーン』
1961年6月3日（土）・4日（日）開場17：30 開演18：30
〈**スタッフ**〉
制作：吉澤正皓・小平裕
演出：高橋武雄
装置：久保正彰
小道具：福田晴虔・東大駒場寮美術サークル
音楽作曲：新徳盛史
演奏：国立音大管楽合奏団
仮面：高橋米吉・山口幸子
衣裳：松川敦子・久久津美恵子・戸塚弘子
照明効果：渋谷邦雄
舞台監督：安達功
音響装置提供：（株）フォスター電機
後援：朝日新聞社
〈**キャスト**〉
クリュタイメーストラー：林洋子
カッサンドラー：成田光子
見張りの兵士・アガメムノーン（2役）：古山桂治
トロイアからの使者・アイギストス（2役）：戸山裕

テイレシアース：三橋修
使者：古山桂治
エウリュディケー：石井栄子
コロス（テーバイの長老 15 名）の長：西井一志
コロス：郁文館高校演劇部有志
従者、侍女、兵士
＊野外での公演後、NHK 教育テレビ（スタジオ）に出演（日時不詳）．

第 3 回：アイスキュロス『縛られたプロメーテウス』
1960 年 6 月 4 日（土）・5 日（日）開場 17：30　開演：18：45　終演：20：29（加村赳雄「演出ノートから（2 日目の記録）」会誌『ギリシヤ悲劇研究 3』p. 54 参照）
〈スタッフ〉
制作：毛利三彌
演出：加村赳雄
演出助手：高橋武雄
装置：高田一郎
音楽作曲：林光
コロス振付：石田種生
仮面：高橋米吉・山口幸子
照明：吉井澄男
プロメーテウス像制作：久保正彰・湯川昌明
衣裳：松川敦子
舞台監督：中澤忠正・湯川昌明
音響装置提供：（株）東京芝浦電気・ソニー
後援：朝日新聞社
〈キャスト〉
クラトス：荒井美三雄
ビア：太田恭三

第二の使者：石井一
コロス（テーバイの長老15名）の長：白井淳一
コロス：東大柏葉会合唱団
市民たち、従者、侍女、王の娘2人
＊座談会「オイディプース王上演をめぐって」開催：1958.6.4（水）於 歴史教育研究所（渋谷区代々木富ヶ谷町1456）. 会誌『ギリシヤ悲劇研究1』（p.86〜90）所収.

第2回：ソポクレース『アンティゴネー』
1959年5月30日（土）開場18：00 開演18：30
〈スタッフ〉
制作：伊藤俊也
演出：細井雄介
音楽作曲：高橋禮子
演奏指揮：竹前聰子
演奏（録音）：桐朋学園音楽科有志
合唱（録音）：東大CMA合唱団
コロス振付：石田種生
衣裳：小谷野敬子・松川敦子
道具：石井昭夫・中島純司
舞台監督：中澤忠正
舞台監督助手（コロス担当）：湯川昌明
後援：朝日新聞社
〈キャスト〉
アンティゴネー：成田光子
イスメーネー：北川恭子
クレオーン：加村赳雄
番兵：若月純一
ハイモーン：渡辺蔚

II．公演スタッフ・キャスト・劇場

上演台本作成者は、第1回は中島貞夫・加村赳雄、第2回以降は東京大学ギリシャ悲劇研究会。劇場（公演会場）は、特記する場合を除いて、日比谷公園野外大音楽堂（東京都千代田区）。

以下の記述は、各回の公演パンフレットを主たる典拠とし、それを関連資料や情報によって補訂したものである。

第1回：ソポクレース『オイディプース王』1958年6月2日（月）
入場希望者多数のため開場17：00、開演18：40（予定18：00）、終演21：00.

〈スタッフ〉
制作：渋谷幹雄・安倍寿・森村稔・細井雄介
演出：中島貞夫
音楽作曲：早川正昭
演奏：[未詳]
衣裳：中田幸平（デザインと指導）・福永能子
照明：田口幸
道具：岡本弘正・石井昭夫
舞台監督：伊藤俊也・山本美恵子
後援：朝日新聞社

〈キャスト〉
オイディプース：加村赳雄
イオカステー：北川恭子
テイレシアース：西井一志
クレオーン：村木良彦
司祭：渡辺蔚
羊飼：土屋良介
使者：古山桂治

I．東京大学ギリシャ悲劇研究会　公演一覧

回・上演年月日・作品	原作者・訳者	演出	劇場
第１回 1958.6.2（月） 『オイディプース王』	ソポクレース 中島貞夫・加村赳雄	中島貞夫	日比谷公園野外大音楽堂 （千代田区日比谷公園）
第２回 1959.5.30（土） 『アンティゴネー』	ソポクレース ギリシャ悲劇研究会	細井雄介	日比谷公園野外大音楽堂
第３回 1960.6.4（土）５（日） 『縛られたプロメーテウス』	アイスキュロス ギリシャ悲劇研究会	加村赳雄	日比谷公園野外大音楽堂
第４回 1961.6.3（土）４（日） 『アガメムノーン』	アイスキュロス ギリシャ悲劇研究会	高橋武雄	日比谷公園野外大音楽堂
第５回 1962.5.26（土）28（月） 『ピロクテーテース』	ソポクレース ギリシャ悲劇研究会	久保正彰	日比谷公園野外大音楽堂
1962.6.5（火） 『ピロクテーテース』	ソポクレース ギリシャ悲劇研究会	久保正彰	共立講堂 （千代田区一ツ橋）
第６回 1963.6.1（土）２（日） 『トロイアの女』	エウリーピデース ギリシャ悲劇研究会	細井雄介	日比谷公園野外大音楽堂
第７回 1964.5.30（土）31（日） 『ヘーラクレース』	エウリーピデース ギリシャ悲劇研究会	田村徹夫	日比谷公園野外大音楽堂
第８回 1965.6.5（土）６（日） 『ペルサイ』	アイスキュロス ギリシャ悲劇研究会	田村徹夫	日比谷公園野外大音楽堂
第９回 1966.6.5（日）６（月） 『バッコスの女たち』	エウリーピデース ギリシャ悲劇研究会	毛利三彌	日比谷公園野外大音楽堂
第10回 1968.11.1（金）2（土）3（日） 『救いを求める女たち』	アイスキュロス ギリシャ悲劇研究会	神山祐輔	田園コロシアム （大田区田園調布）
第11回 1970.10.23（金）24（土） 『テーバイ攻めの七将』	アイスキュロス ギリシャ悲劇研究会	大沼信之	千代田区公会堂 （千代田区九段）

資料編

目　次

「資料編」　編集　細井敦子

あとがき

「われらが青春の墓標」とでも名づけたいような、東大ギリ研の活動記録を一冊の本にまとめるという企ては、ながらく私たち旧会員の心のうちにありながら、漠として形をなさないままであった。それが、成城学園創立百周年記念事業の一環としての講演会「古代ギリシア、遥かな呼び声にひかれて」の開催を機として実現することになったのは、望外の大きな喜びである。講演会と関連座談会を企画され、そして本としての公刊にも、つねに寛大なご理解とご支援をくださった成城学園当局、そして成城大学の、ご自身ギリシア古典学の研究者でいらっしゃる戸部順一学長およびご関係の諸先生と事務局の皆様に、心からの感謝を捧げたい。

六十年前の昔に「ギリ研学生」たちを厳しくかつ温かく励まし導いてくださった大学内外の先生方や諸先輩にも、また苦楽を共にした仲間たちにも、すでに彼岸に渡られた方が少なくない。過去を掘り起こし蘇らせようとする作業の中で、そのことにあらためて気づき、深く心を打たれている。本書上梓の喜びを、その方々ともわかち合いたいと思う。

論創社編集部の松永裕衣子さんには、組版・印刷所との折衝にこちらのわがままな願いを聞き入れていただくなど、たいそうお世話になった。厚くお礼申し上げる。

二〇一八年十二月

細井　敦子

❖編者および執筆者

毛利三彌（もうり・みつや）

東京大学文学部卒業、カリフォルニア大学 LA 校演劇学科大学院 MA 修了。成城大学名誉教授。文学博士、ノルウェー学士院会員。主な著書：『イプセンのリアリズム』（白凰社 1984）、『イプセンの世紀末』（白凰社 1995）、『演劇の詩学　劇上演の構造分析』（相田書房 2007）、『演劇論の変貌』（編著、論創社 2007）他。翻訳：『イプセン戯曲選集　現代劇全作品』（東海大学出版会 1997）他。

細井敦子（ほそい・あつこ）

東京大学文学部卒業、同大学院人文科学研究科修了。成蹊大学名誉教授。共著書：「戯曲形式」（『ギリシア悲劇全集別巻』岩波書店 1992）、「古代ギリシアの弁論術におけるレトリック――リュシアス第一弁論を例として」（『レトリック連環』風間書房 2004）他。翻訳：エウリーピデース「ヘレネー」（岩波書店『ギリシア悲劇全集 8』1990）、『リュシアス弁論集』（共訳 京都大学学術出版会 2001）他。

*　　　*　　　*

細井雄介（ほそい・ゆうすけ）

東京大学文学部卒業、同大学院人文科学研究科修了。聖心女子大学名誉教授。翻訳：エーミール・ウーティッツ『美学史』（東京大学出版会 1979）、ローマン・インガルデン『文学的芸術作品』（勁草書房 1982）、エルヴィーン・パノフスキー『芸術学の根本問題』（中央公論美術出版 1994）、エマヌエル・レーヴィ『初期ギリシア芸術における自然再現』（同 2007）、アーロイス・リーグル『造形芸術の歴史的文法』（同 2014）他。

久保正彰（くぼ・まさあき）

ハーバード大学卒業、東京大学大学院人文科学研究科修了。東京大学名誉教授、日本学士院第 24 代院長。主な著書：『ギリシア思想の素地』（岩波新書 1973）、『Ovidiana ギリシア・ローマ神話の周辺』（青土社 1978）、『ギリシア・ラテン文学研究　叙述技法を中心に』（岩波書店 1992）他。翻訳：アイスキュロス「ペルシアの人々」（人文書院『ギリシア悲劇全集 I』1960）、トゥーキュディデース『戦史』（岩波文庫 1966-7）、アイスキュロス「アガメムノーン」（岩波書店『ギリシア悲劇全集 1』1990）他。

中島貞夫（なかじま・さだお）

東京大学文学部卒業。卒業後東映に入社し、監督として多数の作品を発表。元大阪芸術大学教授。主な作品：『くノ一忍法』（デビュー作品 1964）、『893 愚連隊』（1966）、『大奥㊙物語』（1967）、『懲役太郎まむしの兄弟』（1971）、『やくざ戦争日本の首領』（1977）、『人生劇場』（深作欣二、佐藤純彌と共同制作 1983）、『序の舞』（1984）、『時代劇は死なず　チャンバラ美学考』（2015）、『多十郎殉愛記』（2019）他。

古代ギリシア　遥かな呼び声にひかれて
——東京大学ギリシア悲劇研究会の活動

2019年3月20日　初版第1刷印刷
2019年3月30日　初版第1刷発行

編　者　毛利三彌　細井敦子
発行者　森下紀夫
発行所　論創社
東京都千代田区神田神保町2-23　北井ビル
tel. 03（3264）5254　fax. 03（3264）5232
web. http://www.ronso.co.jp/
振替口座　00160-1-155266

装幀／野村　浩
組版／フレックスアート
印刷・製本／中央精版印刷

ISBN978-4-8460-1798-9　